LES MYTHES LITTÉRAIRES
ÉPOPÉES HOMÉRIQUES

Essais des mêmes auteurs :

De Georges Desmeules

La littérature fantastique et le spectre de l'humour, L'instant même, 1997.

Les classiques québécois, en collaboration avec Christiane Lahaie, L'instant même, 1997.

Les personnages du théâtre québécois, en collaboration avec Christiane Lahaie, L'instant même, 2000.

Dictionnaire des personnages québécois : 200 personnages des origines à 2000, en collaboration avec Christiane Lahaie, L'instant même, 2003.

De Gilles Pellerin

Québec. Des écrivains dans la ville, L'instant même (en coédition avec le Musée du Québec), 1995.

Nous aurions un petit genre : publier des nouvelles, L'instant même, 1997.

Récits d'une passion : florilège du français au Québec, L'instant même, 1997.

La mèche courte : le français, la culture et la littérature, L'instant même, 2002.

Lumières du Nord. Correspondance avec Stefan Hertmans, L'instant même, 2007.

Où tu vas quand tu dors en marchant ? Un théâtre, une ville, en collaboration avec Chantal Poirier et Philippe Mottet, L'instant même, 2010.

Manifeste pour l'hospitalité des langues, en collaboration avec Thierry Auzer, Patrice Meyer-Bisch, Wilfried N'Sondé, Jean-Luc Raharimanana, Boualem Sansal, Katerina Stenou et Henriette Walter, L'instant même (en coédition avec la Passe du Vent), 2012.

connaître

LES MYTHES LITTÉRAIRES
ÉPOPÉES HOMÉRIQUES

par

Georges Desmeules
et
Gilles Pellerin

L'instant même

Maquette de la couverture et mise en pages : Anne-Marie Jacques

Distribution pour le Québec : Diffusion Dimedia
539, boulevard Lebeau
Montréal (Québec) H4N 1S2

Distribution pour la France : DNM – Distribution du Nouveau Monde

L'instant même
865, avenue Moncton
Québec (Québec) G1S 2Y4
info@instantmeme.com
www.instantmeme.com

Dépôt légal – Bibliothèque et Archives nationales du Québec, 2013

Catalogage avant publication de Bibliothèque et Archives nationales du Québec et Bibliothèque et Archives Canada

Desmeules, Georges, 1964-

Les mythes littéraires : épopées homériques

(Connaître ; 7)
Comprend des références bibliographiques.
Pour les étudiants du niveau collégial.

ISBN 978-2-89502-006-6

1. Mythologie dans la littérature. I. Pellerin, Gilles, 1954- . II. Titre. III. Collection : Connaître ; 7.

PN56.M95D47 2013 809'.9337 C2013-941748-6

L'instant même remercie le Conseil des Arts du Canada, le gouvernement du Canada (Fonds du livre du Canada), le gouvernement du Québec (Programme de crédit d'impôt pour l'édition de livres – Gestion SODEC) et la Société de développement des entreprises culturelles du Québec.

Introduction

Notions liminaires de culture

Les tapis volants de la mythologie perse, les animaux qui parlent dans l'*Iliade*[1], la Bible et les contes populaires, sans compter les machines à voyager dans le temps, confirment que la culture fait fi de lois naturelles, telles la gravitation, la biologie et l'irréversibilité de « la flèche du temps[2] ». Ces inventions fabuleuses auxquelles la littérature de toutes les traditions nous a habitués façonnent à divers degrés nos manières d'envisager le monde et la vie, c'est-à-dire notre culture. Or l'humain n'en appartient pas moins au monde biologique et demeure soumis aux lois et aux forces de la nature. Doit-on pour autant conclure à l'incompatibilité de ces deux concepts ? Au contraire, nature et culture se côtoient, s'opposent et se complètent dans une

1. Les chevaux d'Achille, qui lui ont été offerts par les dieux, le mettent en garde avant qu'il se lance au combat contre Hector.
2. Pour une vulgarisation de cette notion de physique, voir Stephen Hawking, *Une brève histoire du temps. Du Big Bang aux trous noirs*, Paris, Flammarion, Champs n° 794, 2008, 245 p.

relation dichotomique qui rend d'autant plus ardue la compréhension de la culture, populaire ou savante.

Pour la définir, proposons d'emblée une approximation, sous la forme de deux hypothèses : 1- la nature imposerait des contraintes qui déterminent le développement de la culture ; 2- la culture composerait avec ces limitations pour mieux les dépasser, tant dans l'élaboration de règles collectives que dans la constitution d'un imaginaire qui conditionne l'agir des individus.

La nature équivaut à ce qui préexiste à l'humain et lui sert de milieu initial, tandis que la culture correspond à ce que l'humain y ajoute. Ainsi, la culture s'inscrit dans la volonté d'accéder à une dimension nouvelle qui dépasse notre état initial. Cet élan, nous aimons le considérer comme un trait distinctif de l'espèce humaine. Sans nier que la nature se transforme (songeons au réchauffement climatique et à ses conséquences), nous affirmons volontiers qu'elle n'accomplit rien, au sens propre (c'est-à-dire mener à terme une action dans le prolongement de la pensée), qu'elle ne témoigne pas d'une volonté consciente de transformation. Ce point de vue moderne, rationnel, ne coïncide cependant pas avec celui des sociétés dites primitives[3] ou à un courant de pensée écologiste. Selon ces perspectives, la nature disposerait d'une âme. D'ailleurs, on associe certaines composantes de la nature à des esprits ou à des dieux dans plusieurs cultures, ce qui confirme la complexité des liens qui les unissent.

---

3. Précisons ici que l'emploi de ce terme s'inscrit dans la tradition des études anthropologiques, sans intention péjorative.

Selon l'anthropologue Bronislaw Malinowski, la culture constitue une réponse à une exigence que pose la nature. Ainsi, à chaque besoin élémentaire correspond une réponse culturelle :

Besoins élémentaires	Réponses culturelles
Métabolisme	Subsistance : l'humain ne mange pas n'importe quoi ; il a créé des recettes, des tabous alimentaires.
Reproduction	Parenté : si l'humain se reproduit pour éviter de disparaître, il se dote toutefois d'une cellule d'accueil des nouveau-nés régie par un code complexe.
Bien-être corporel	Abri : l'architecture va plus loin que la simple réponse à un besoin de chaleur et de protection contre les intempéries.
Sécurité	Protection : l'humain crée un système pénal pour contrôler les comportements à l'intérieur de la société, et l'armée pour se défendre des agressions extérieures ou pour en commettre.

Mouvement	Activités : l'humain va au-delà du déplacement, il s'invente des loisirs qui l'inscrivent dans la performance, voire l'exploit – le sport.
Croissance	Éducation : à l'inné s'ajoute l'acquis – l'humain enseigne et étudie.
Santé	Hygiène : le soin du corps dépasse les exigences immédiates et sert à le préserver à long terme.

Ainsi, l'humain appartenant au règne animal, il est possible de le situer dans un système de classement régi par des catégories biologiques :

Règne animal
Embranchement des vertébrés
Classe des mammifères
Ordre des primates
Famille des hominiens

Cette classification linnéenne, qui insère l'humain dans un ensemble plus vaste que lui, impose une certaine modestie : l'humain, partie à l'intérieur d'un tout, ne peut plus se poser comme détaché de la chaîne des êtres vivants. L'une des manifestations de la culture consiste justement à se dégager de ce schéma, donc de la nature, pour affirmer la domination des humains sur les autres formes de vie[4]. Selon les époques et les idéologies, l'humain s'est arrogé l'exclusivité de l'intelligence, de l'âme, de la capacité de parler, de vénérer des dieux ou d'adorer un Dieu unique, créateur universel. De même, la compréhension de la finalité de la vie autorise, dans une certaine mesure, l'humain à prévoir l'avenir et à honorer ses défunts, en raison de la prise de conscience de sa mort inéluctable. Il devient ainsi le seul être de la création à accomplir l'acte gratuit de l'art[5], mais aussi le seul capable de détruire son environnement, d'influer sur lui à l'échelle cosmique.

Culture, culte, agriculture

Dès le XVIIe siècle, Bossuet, un évêque attaché à la cour de Louis XIV (roi auréolé, à figure solaire), établit que ce qui assure la grandeur de l'homme se

4. La dichotomie nature/culture a fait l'objet de la réflexion constante des écrivains et des philosophes. La révolution romantique (XVIIIe et XIXe siècles) repose en partie sur la volonté de renouer avec le milieu sauvage. Jean-Jacques Rousseau, soucieux de soustraire l'homme à la dépendance des hommes (donc de la société) au profit de la nature, a contribué à l'élan vers la nature.
5. Au sens premier, le mot désigne un ensemble de moyens, de procédés conscients placés au service d'un résultat. Le sens actuel désigne particulièrement les réalisations à caractère esthétique (littérature, musique, peinture, etc.). « L'art gâte quelquefois la nature, en cherchant à la perfectionner », disait le moraliste La Bruyère, signalant ainsi l'opposition dont il est ici question.

situe au-delà de la vie et de l'ordre naturel, dans son essence divine. Selon lui,

> [l]'Homme a presque changé la face du monde ; il a su dompter par l'esprit les animaux qui le surmontaient par la force [...] La terre n'a-t-elle pas été forcée par son industrie à lui donner des aliments plus convenables, les plantes à corriger en sa faveur leur aigreur sauvage, les venins même à se tourner en remèdes pour l'amour de lui ? [...] Quoi de plus ? Il est monté jusqu'aux cieux : pour marcher plus sûrement, il a appris aux astres à le guider dans ses voyages ; pour mesurer également sa vie, il a obligé le soleil à rendre compte, pour ainsi dire, de tous ses pas [...] Dieu ayant formé l'homme, dit l'oracle de l'Écriture, pour être le chef de l'Univers, d'une si noble institution, quoique chargé par son crime, il lui a laissé un certain instinct de chercher ce qui lui manque dans toute l'étendue de la nature[6].

Dans une culture marquée par le rayonnement d'une source royale, l'homme estime occuper une place centrale, confiée à lui par Dieu. Cette pensée s'appuie sur l'un des mythes fondamentaux de l'Occident chrétien : la *création* de l'homme par Dieu, dès le premier livre de la Bible, ce à quoi s'opposera, deux siècles plus tard, l'évolutionnisme darwinien[7] qui établit la place de l'humain dans une chaîne. Cependant, en se cantonnant dans l'ordre de la nature, cette nouvelle façon d'envisager notre place dans l'univers tait une dimension sans

---

6. Jacques Bénigne Bossuet, *Sermon sur la mort,* Paris, Garnier-Flammarion n° 231, 1996 [1662], p. 139-140. Le crime dont il est question est le péché originel.
7. Exposé dans *L'origine des espèces*, paru en 1859.

laquelle on ne dit presque rien de l'humain, à savoir la culture et les mythes qui en découlent.

Toute culture se fonde sur divers récits de création et illustre nos aspirations à dépasser l'état d'êtres naturels vers celui d'êtres culturels. Ce phénomène universel confirme que nous percevons le temps et non seulement l'espace. Cette perception concurrente se traduit par des manifestations, des actes, la constitution de valeurs : nous confions parfois à nos morts la tâche délicate d'intercéder en notre faveur auprès des instances divines ; nous célébrons des anniversaires ; nous ritualisons les étapes de la vie (bal des finissants, mariage) et les changements de saison (Noël, Saint-Jean, Pâques, temps des sucres, ouverture de la saison de la pêche, etc.). Rappelons-nous les angoisses ressenties lors du passage à l'an 2000 (on parle encore parfois du « bogue » de l'an 2000). L'historien des religions Mircea Eliade[8] y voit une survivance du Grand Temps, du temps primordial, du temps des origines, ainsi superposé au temps pragmatique que nos sociétés ont inscrit dans le calendrier.

La culture du sol constitue un passage décisif dans l'évolution de l'humain. Celui-ci domestique[9]

8. Historien, philosophe, érudit et polyglotte, Eliade (1907-1986) est considéré comme le fondateur de l'histoire comparée des religions. Cet auteur prolifique a aussi étudié les mythes du monde moderne.
9. Notons au passage le lien étymologique en latin entre *domus* (« maison »), dont *domesticus* est l'adjectif, *dominus* (« maître »), duquel dérivent *dominium* (« droit de propriété » en bas-latin), *domaine*, *dominer* et *dimanche* (le jour du

la nature, donc s'en rend maître, afin de combler deux besoins essentiels : se nourrir et se vêtir. L'évolution qui l'amène à délaisser la cueillette de ce que la nature offre spontanément, au profit de la culture du sol afin d'en récolter les fruits, se traduit notamment par l'abandon du nomadisme au profit de la sédentarité. La culture, dans tous les sens du terme, trouve donc son origine au moment où des sociétés pastorales s'immobilisent dans un lieu donné, souvent au bord d'un cours d'eau, tirant désormais nourriture et vêtement de l'agriculture et de l'élevage. La relation de l'humain et de son environnement vient de changer du tout au tout : au lieu de s'en remettre à la nature, il la circonscrit : la forêt devient jardin, pâturages, la horde devient troupeau. Ces communautés se regroupent en des territoires désormais délimités. Elles doivent garantir la sécurité de leur bétail. À leurs maisons agglomérées elles ajoutent des enclos[10], ce qui conduira, en Mésopotamie, à l'invention de l'écriture telle qu'on la conçoit en Occident, et à la création de la première épopée, celle de Gilgamesh et d'Enkidu, dont l'origine remonte au XVIIIe ou XVIIe siècle av. J.-C., soit il y a près de 4 000 ans.

Seigneur, dont la forme adjective est d'ailleurs *dominical*) et le prénom Dominique. Comme le mythe, l'étymologie construit d'intenses réseaux de signification.

10. Jean-Jacques Rousseau y voyait lui aussi un point charnière : « Le premier qui, ayant enclos un terrain, s'avisa de dire « Ceci est à moi », et trouva des gens assez simples pour le croire, fut le vrai fondateur de la société civile. » (*Discours sur l'origine et les fondements de l'inégalité parmi les hommes*, 1755.)

Dans une autre partie du Croissant fertile[11], les Hébreux constituent une société où l'élevage joue un rôle déterminant, à la fois comme pratique économique et comme élément symbolique. Le Jardin d'Éden, lieu donné par Yahvé à l'être initial, Adam, est un espace paradisiaque et clos où tout lui est accordé et permis, à un détail près : cueillir le fruit de l'arbre de la connaissance du Bien et du Mal. La faute commise, Yahvé (qui a entre-temps tiré une femme d'Adam pour en faire sa compagne : Ève) expulse nos *premiers parents* du Paradis après leur avoir ordonné de se vêtir, pratique culturelle fondamentale. Notons aussi que leurs enfants, Caïn et Abel, sont respectivement agriculteur et berger. Au sommet du Nouveau Testament, on trouve la figure du Christ, à la fois Dieu et homme. Il est l'Agneau de Dieu dont le sacrifice, destiné à racheter l'humanité de la faute originelle (lors d'une cérémonie liturgique, la messe, que les fidèles répètent à intervalles hebdomadaires), nourrit toute une collectivité depuis deux millénaires. Or, l'Ancien Testament symbolise entre autres le regroupement dans des villes. Ceci explique en partie l'influence considérable de ce texte sacré, source de la filière monothéiste (judaïsme, christianisme, Islam[12]).

11. Zone bioclimatique en forme d'arc, couvrant la Mésopotamie, le Levant (Assyrie, Israël, Palestine, Phénicie, sud de l'actuelle Turquie) et l'Égypte où naquirent les religions occidentales. On y trouve les plus anciens sites sédentaires d'Occident.
12. Jérusalem est d'ailleurs une ville sainte pour ces trois religions.

Si on admet aujourd'hui que pour favoriser la croissance des végétaux il faille recourir à des adjuvants chimiques (engrais, pesticides), il n'en a pas toujours été ainsi. Il n'y a pas si longtemps, on demandait au prêtre de bénir les semences et les troupeaux de manière à assurer la collaboration divine à un dessein en apparence essentiellement économique[13] ; dans certaines sociétés, on s'excusera, au moyen de prières, de chansons et de danses, de blesser la Terre-Mère avant de lui labourer les flancs (la terre serait une femme à dimension planétaire ou cosmique de qui l'on attend la fertilité). Les solstices constituent des moments de l'année particulièrement propices à ces manifestations cultuelles. De la même manière, il arrive qu'on s'adresse aux morts afin de s'assurer de la bonne marche du cycle de la vie – qui connaît mieux la vie que les morts ? Tant dans la Bible (à propos de la mort d'Abel) que dans l'*Épopée de Gilgamesh* (quand Enkidu meurt), on établit une analogie entre l'acte de semer et celui d'ensevelir les morts.

Agriculture, culture, culte, poésie, théâtre, danse, chanson, musique : une vaste chaîne se forme. De ces prières à la poésie, du rituel sacrificiel[14] au théâtre, il n'y a souvent qu'un pas. Un lien fonctionnel s'établit entre le chant et la récolte, le premier

13. Réitération des rituels primitifs assumés par prêtres, devins et vestales.

14. Nos sociétés modernes, à première vue laïques, n'ont pas évacué les rituels dont on attend le succès. Par exemple, le *tail gate party* qui précède les matchs de football américain joue un rôle similaire aux holocaustes et hécatombes.

favorisant la seconde. De même, de la culture du sol à l'éducation des enfants, l'analogie s'établit graduellement. Au XVIe siècle, le mot « culture » ne signifie plus l'action engagée pour la croissance des végétaux, mais reprend au latin la dimension morale associée au développement intellectuel. Juste retour des choses, en somme, que de consacrer le présent essai à l'étude des mythes tels qu'ils se concrétisent à travers les héros des épopées homériques.

Aujourd'hui l'on estime que la culture se compose de l'ensemble des valeurs et expériences partagées par un groupe d'individus à l'échelle d'une génération, d'une classe sociale, d'une nation, etc. La culture leur fournit les bases communes grâce auxquelles il leur est possible de jeter des passerelles entre eux, de se situer dans le groupe et de déterminer les rapports qui les unissent. L'ensemble de ces valeurs et de ces pratiques distingue les sociétés les unes des autres. Ces traits caractéristiques sont dits culturels. Si l'anthropologue Alfred Louis Kroeber répertoriait déjà, il y a près d'un siècle, plus de 150 définitions de la culture, ce qui confirme la complexité du phénomène, on pourrait les ramener à celle-ci :

> la culture est l'ensemble des comportements, savoirs et savoir-faire caractéristiques d'un groupe humain ou d'une société donnée, ces activités étant *acquises* par un processus d'apprentissage, et *transmises* à l'ensemble de ses membres[15].

Avant d'aborder l'étude spécifique de quelques mythes littéraires fondamentaux, soulignons que

15. François Laplantine, *Clefs pour l'anthropologie*, Paris, Seghers, 1987, p. 116 ; nous soulignons.

la culture englobe plusieurs composantes : les productions techniques, l'art, la façon de penser, les institutions, les coutumes et les objets matériels d'un groupe donné ; les productions intellectuelles d'une civilisation ; l'ensemble des connaissances intellectuelles, littéraires et artistiques acquises par un individu, en raison de ses goûts et de son éducation (ce par quoi on peut dire qu'une personne possède une *vaste culture*) ; les modes de communication des individus entre eux et entre les individus et des entités supranaturelles (divinités), au moyen de signes et de symboles. En somme, « la culture est ce qui dans le milieu est dû à l'homme[16] ».

Mythe et culture

Selon l'anthropologie contemporaine, les mythes contribuent à cette transmission de la culture, à titre de récits destinés à définir des pratiques d'inclusion au sein d'une communauté donnée. Leur étude constitue le propos de cet essai, en tenant compte des nuances suivantes :

1. Le mythe est un creuset de fabrication, une matrice de pensée qui joue un rôle déterminant dans le comportement d'une collectivité et dans sa compréhension du monde ;
2. Il s'exprime par des récits, mettant en scène des personnages, notamment des héros ;
3. Il relève d'une collectivité, disant à la fois ce qui la réunit autour d'une pensée, de croyances

16. E.B. Tylor, cité par M. J. Herskovits, *Les bases de l'anthropologie culturelle*, Paris, Payot, PBP, n° 106, 1966, p. 7.

communes (comment elle pense et agit) et lui indiquant de manière interne, voire souterraine, comment elle doit penser et agir[17] ;

4. Les adjectifs qui s'y rattachent sont « mythique[18] » (qui a rapport au mythe, qui en a le caractère) ou « mythologique » (« qui a rapport à un ensemble de mythes relatifs à un peuple[19], une époque) ;
5. Il est rare dans le langage courant qu'on utilise ces mots dans le sens que nous venons de leur donner : affirmer « C'est un mythe ! » signale plutôt la fausseté[20] d'un énoncé. Là aussi nous touchons à un même environnement sémantique : le récit mythologique s'exprime dans une outrance qui le rend irrecevable en apparence. Or cette outrance est intrinsèque à un environnement symbolique fait de sacrifices, de prodiges, d'exploits surhumains ;

---

17. Nous nous contenterons de signaler ces deux dimensions, sans chercher à établir la primauté de l'une sur l'autre : le mythe est-il un reflet, une forme symbolique « des forces de la nature et des aspects de la condition humaine » (selon le dictionnaire Robert) ou possède-t-il avant tout un caractère prescriptif ? Ce débat relève de l'anthropologie.
18. À distinguer de « mystique », même si le mot appartient en partie au même environnement sémantique. Il désigne ce qui est relatif au mystère, à une croyance détachée du réel terre à terre dans la pensée religieuse (les mystiques font fi des exigences courantes de la vie quotidienne).
19. Exemples de figures mythiques apparentées : le cow-boy aux États-Unis, le gaucho en Argentine et le coureur des bois au Québec.
20. « La mythologie est évidemment une série de mensonges. Mais ces mensonges ont été, durant de longs siècles, des sujets de croyance. Ils ont eu, dans l'esprit des Grecs et des Latins, la valeur de dogmes et de réalités. » (Pierre Commelin, *Mythologie grecque et romaine*, Paris, Garnier, 1960, p. 2.)

6. Chez Platon, le mythe (on parle aussi d'allégorie) rend compte, sous forme imagée, d'un principe, d'une idée, d'une doctrine ;
7. La philosophie succède à la mythologie en opposant le *logos* au *muthos* (parfois écrit *mythos*). La lumière vient de la logique, de la Raison, de l'analyse, plutôt que de récits relevant d'une imagination débridée. C'est à l'anthropologie qu'on doit la réhabilitation du mythe ;
8. Le mythe s'accommode très bien de la concurrence de récits mythologiques à propos d'un même personnage. Les religions agissent à l'inverse en établissant une orthodoxie dont il peut être dangereux de s'écarter[21], ce qui n'empêche pas le mythe de dire vrai : produit collectif, il répond aux besoins du groupe. Ce qui est vrai pour une collectivité peut paraître faux aux yeux d'une autre.

Il faut garder à l'esprit qu'on traite aujourd'hui des mythes par les récits qu'on en a tirés et qui nous sont parvenus sous forme écrite. C'est-à-dire qu'il n'est pas possible de remonter jusqu'à leur hypothétique pureté originelle. Dans la plupart des cas exposés ici, nous sommes tributaires des versions que leur ont données Homère, Sophocle, Apollodore et autres Sénèque.

---

21. Ceux qui le font peuvent être considérés comme hérétiques et encourir les dangers les plus graves (excommunication, tribunal de l'Inquisition, fatwa, etc.). Le phénomène ne se manifeste pas que dans le domaine religieux : certains régimes politiques, voire certaines chapelles littéraires (pensons au mouvement surréaliste), tolèrent très mal la divergence d'opinion.

Plan de l'ouvrage

Le premier chapitre propose d'abord diverses définitions du mythe ainsi que les balises de la définition du mythe littéraire. Nous décrirons ensuite le modèle qui servira de base à l'analyse du fonctionnement des personnages mythiques à l'intérieur du récit[22]. Les chapitres suivants livrent des études de certains des héros des épopées homériques : Achille, Ulysse, Hélène, Télémaque et Pénélope. Le dernier chapitre analytique aborde un personnage mentionné indirectement dans les épopées d'Homère, mais central dans l'univers des mythes littéraires : Œdipe. Nous explorerons cette équation qui unit mythe et littérature selon deux horizons distincts : celui des œuvres fondatrices elles-mêmes, l'*Iliade* et l'*Odyssée,* mais aussi celui de leurs réécritures et prolongements. Nous scruterons ces personnages héroïques pour établir la série de faits et gestes qui construisent l'image que nous avons d'eux. On découvrira alors certaines des tragédies grecques qui reprennent et complètent les péripéties des épopées homériques, en plus des échos à des versions disparues recensées par Apollodore dans sa *Bibliothèque,* sans compter quelques versions modernes de ces épopées. L'interprétation de ces données met en évidence certaines particularités de ces héros. De la sorte, on montrera que l'éclairage trop intense du mythe masque par moment sa « face cachée » et qu'une relecture s'impose pour proposer des

22. Ce modèle se fonde sur l'essai de René Girard, *La violence et le sacré*, Paris, Hachette, 1998.

interprétations qui dépassent les idées reçues à son sujet : comme Zeus, qui manie la foudre, comme Poséidon, l'Ébranleur de terre, le mythe parle fort, ce qui peut masquer des nuances, surtout que certains épisodes appartiennent depuis si longtemps à la tradition qu'on croit tout connaître à leur propos.

Or, comme le souligne Camille Deslauriers, « il convient de comparer différentes versions des mythes repérés [...] il n'y a pas *une* version originelle d'un mythe et *la bonne version* d'un mythe n'existe pas : au contraire, le mythe se définit plutôt comme étant la somme de ses variantes[23] ». Nos analyses mettent en évidence les principales étapes de l'édification de la portée héroïque de certains personnages mythiques, mais aussi leur influence culturelle. Leur identité se construit ainsi autour de temps forts de leur existence (naissance, mariage, mort). On découvrira, en passant, les aspects symboliques qui les apparentent : ces héros existent dans des fictions construites sur un modèle récurrent. Selon Joseph Campbell, « [c]elui-ci est composé de l'appel de l'aventure et du départ, de l'initiation avec ses épreuves et du retour du héros enrichi d'une nouvelle sagesse qu'il voudrait transmettre[24]. » Cet éclairage narratif et dramatique

---

23. Camille Deslauriers, « Vers une lecture mythocritique des textes littéraires », *Québec français*, n° 164, hiver 2012, p. 42.
24. Antoine Sirois, *Lecture mythocritique du roman québécois*, Montréal, Triptyque, 1999, p. 10. Il faut noter que ces quatre étapes recoupent celles que propose A. J. Greimas pour étudier la narrativité du récit (le programme narratif, composé des étapes de la mise en route, de l'acquisition de la compétence, de la réalisation d'une performance et

souligne une violence sous-jacente, justement déréalisée par le mythe, et constitue ici un nouvel enjeu, fondamental.

---

de la sanction, regard posé sur cette performance pour en évaluer les effets). Une démonstration de cette équivalence se trouve chez André Sauge, *Sophocle lecteur de Freud* (Berne, Peter Lang, 2009, voir chapitre 1). Quant à A. J. Greimas, « cherchant à distinguer le récit mythique des autres types de récit, [il] lui affecte comme caractéristique essentielle la redondance : non seulement le récit mythique réitère fortement certaines formules, certaines séquences, certains rapports, mais encore il a le pouvoir de produire d'autres récits issus de lui par la reprise de ses éléments constitutifs (ce que Lévi-Strauss appelle les « mythèmes ») » (Pierre Brunel, *Mythocritique. Théorie et parcours*, Paris, PUF, 1992, p. 31).

PREMIÈRE PARTIE

DU MYTHE ET DU MYTHE LITTÉRAIRE

Chapitre 1
Le feu, la lumière, l'ombre

La tentation s'impose, parfois impérieuse, de trouver le mythe partout. Roland Barthes va jusqu'à associer le mythe à toute parole, à lui donner un statut de « système de communication[1] », quitte à en proposer de nombreuses illustrations dans des sphères diverses de notre univers quotidien. Une de ses plus célèbres démonstrations dévoile le mythe tragique du bouc émissaire, tel que le concevaient les Grecs, dans la lutte[2]. Toutes les facettes de ce sport-spectacle, du héros solaire aux forces néfastes tramant leurs trahisons dans l'ombre, en passant par le déroulement codifié des combats, redisent les tragédies antiques. L'immense et indémodable popularité de la lutte confirme,

---

1. Roland Barthes, « Le mythe aujourd'hui », *Mythologies*, Paris, Seuil, coll. Points n° 10, 1982, p. 193.
2. Roland Barthes, « Le monde où l'on catche », *Mythologies*, p. 13-23. Claude Jutra a adapté cet essai pour en tirer un court métrage plus vrai que nature : *La lutte*, ONF, 1961 (coréalisé par Michel Brault, Claude Fournier et Marcel Carrière), http ://www.onf.ca/film/la_lutte.

selon Barthes, l'efficacité et la « vérité » de ce récit, dont le caractère sacré propose une définition de l'ordre du monde, pour paraphraser la définition du mythe de Mircea Eliade. Barthes va plus loin en suggérant que toutes nos pratiques sociales révèlent une organisation sous-jacente, qui ne se laisse comprendre qu'au second degré[3].

À titre de récits destinés à instaurer des pratiques d'inclusion au sein d'une communauté donnée, les mythes contribuent à cette organisation. Ici aussi, les définitions abondent. Partons de l'idée que « [l]e mythe se caractérise par sa forme (un récit), par son fondement (une croyance religieuse), par son rôle (expliquer le monde)[4]. » Ce bref énoncé isole trois moments essentiels de la construction d'un mythe, éléments qui conditionnent son éventuel passage du côté de la littérature. D'abord, qu'il s'agisse d'un récit impose une construction narrative et suppose un décalage entre le fait de raconter et les événements mis en place par le récit. En d'autres mots, la notion de « vérité absolue » paraît à nos sensibilités modernes incompatible avec les propriétés de la narration. Pourtant, la nature sacrée et le rôle fondateur du mythe en tant que justification du monde contredisent en

3. Barthes soutient que l'étude du mythe exige qu'on dépasse la signification habituelle des signes du langage par le biais d'une interprétation « seconde ». En quelque sorte, il appelle la création d'un nouveau champ d'étude du texte, la mythanalyse.
4. Christophe Carlier et Nathalie Griton-Rotterdam, *Des mythes aux mythologies*, Paris, Éditions Ellipses, coll. Thèmes et études, 1994, p. 7.

apparence cette idée. Comme l'explique Mircea Eliade,

> le mythe est censé exprimer la *vérité absolue,* parce qu'il raconte une *histoire sacrée,* c'est-à-dire une révélation trans-humaine qui a eu lieu à l'aube du Grand Temps, dans le temps sacré des commencements (*in illo tempore*). Étant *réel* et *sacré,* le mythe devient *exemplaire* et par conséquent *répétable,* car il sert de modèle, et conjointement de justification, à tous les actes humains[5].

Cette dimension sacrée, ou sainte, repose sur la portée tout à la fois *dramatique* (invention d'événements extraordinaires, voire fantastiques), *narrative* (attrait poétique de certaines formules récurrentes) ou *symbolique* (nous essayons de voir du sens derrière les images) du mythe. Enfin, « le mythe n'a pas d'auteur (re)connu puisqu'il est le récit même qui se transmet, soit à tous – en totalité ou partiellement – soit, en totalité, d'initié à initié[6]. »

À nouveau, la difficulté pour nous, appartenant à une société moderne, de comprendre le mythe repose sur le fait qu'il exprime un type de pensée

---

5. Mircea Eliade, *Mythes, rêves et mystères*, Paris, Gallimard, coll. Idées, nº 271, 1957, p. 21-22 ; l'auteur souligne.
6. Vladimir Grigorieff, *Religions du monde entier,* Alleur, Marabout, 1989, p. 19. L'origine anonyme des mythes (cela vaut aussi pour les contes traditionnels et les récits des griots africains) et leur mode de transmission contribuent aussi à distinguer les récits mythologiques par rapport aux œuvres narratives modernes (romans, nouvelles), revendiquées par leur auteur et soumises à une économie (droit d'auteur, redevances, commercialisation de livres, etc.).

duquel nous nous sommes graduellement éloignés depuis l'avènement de la Raison. Platon joue un rôle fondamental dans cette rupture, car pour lui le *muthos* s'oppose au *logos* (raisonnement résultant de déductions) : « Le *muthos* pense le monde en le racontant avec des récits foisonnant d'images, à la différence du *logos,* discours logique et philosophique, qui le pense au moyen de concepts[7]. »

Un mythe ne s'isole pas, mais se découvre à travers un réseau de relations intertextuelles (l'« intertexte ») qui se chevauchent pour produire la signification. Selon Julia Kristeva, « [l]e texte littéraire s'insère dans l'ensemble des textes : il est une écriture-réplique (fonction ou négation) d'un autre (des autres) texte(s). Par sa manière d'écrire en lisant le corpus littéraire antérieur ou synchronique, l'auteur vit dans l'histoire, et la société s'écrit dans le texte[8]. » En somme, le mythe se comprend dans son intégralité à partir de son évolution à travers plusieurs œuvres. Cependant cette compréhension ne dépend pas de son caractère sacré, situé hors de l'interprétation, car il exige un acte de foi. On doit d'ailleurs à cette chercheuse la notion d'intertextualité, terme aujourd'hui d'usage courant. Bref, pour expliquer le titre de ce chapitre, disons que le mythe, telle une flamme, projette une lumière intense, mais chatoyante, sur une œuvre

7. Catherine Roux-Lanier *et al.*, *La culture générale de A à Z*, Paris, Hatier, 1998, p. 250.
8. Julia Kristeva, *Sèmeiôtikè. Recherches pour une sémanalyse,* Paris, Seuil, coll. Points, Essais n° 96, 1978, p. 120.

littéraire et les mystères qu'elle recèle. Et si cette lumière sacrée semble imposer une explication du monde, cette explication démesurée occulte souvent une « autre » vérité de l'œuvre littéraire : sa polysémie, c'est-à-dire sa capacité à produire différentes significations, donc à susciter de nombreuses interprétations.

Pour percevoir cette richesse sémantique, il importe dans la mesure du possible de faire écran au mythe, d'en couvrir la flamme, autrement dit de cesser de lire une œuvre à partir de l'a priori du mythe, en tant que vérité éternelle issue d'une tradition si archaïque qu'elle exclut l'idée même d'auteur. Par exemple, certains mythes littéraires ne résistent pas à la lecture directe du texte, une fois qu'on y a masqué l'idée préconçue imposée par l'éclairage trop éclatant imposé par la tradition littéraire, qui exige une adhésion inconditionnelle au dogme qu'elle propose. Si la parole des oracles se caractérise par son ambiguïté, les œuvres littéraires également. Chacun à sa manière, les auteurs de la Bible et Charles Darwin proposent une explication des raisons du beau mystère de notre existence et de notre développement. Là où le naturaliste anglais expose une vérité scientifique qui s'appuie sur des preuves concrètes étrangères au mythe, la Genèse impose un acte de foi qui camoufle ce que l'essai de Darwin dévoile[9].

9. La foi est précisément un acte de croyance qui se passe de preuves. Quand Darwin a énoncé les principes évolutionnistes, la réaction des tenants de l'absolue exactitude de la Genèse ont réagi avec force et fureur, y voyant quelque chose de l'ordre du sacrilège, de la profanation.

L'étude de *la lettre* des premiers livres bibliques, à l'instar de tout récit mythologique, nous apprend beaucoup de choses « vraies » si on les lit à l'aide des outils de l'analyse littéraire, plus précisément ceux de la mythocritique et de la mythanalyse[10]. Ces disciplines (la mythocritique, la mythanalyse, mais aussi l'anthropologie et la psychanalyse) relèvent du domaine de la rationalité, de la science.

Du mythe au mythe littéraire

La Genèse et l'essai de Darwin abordent différemment, disons-nous, la manière dont les humains organisent le savoir. Northrop Frye s'inspire d'ailleurs de la Bible pour expliquer l'histoire de la littérature dans un essai important pour le développement du champ d'étude mythocritique[11]. Le livre fondateur de la foi chrétienne se présente

---

10. Pierre Brunel appelle « mythocritique » l'étude des mythes littéraires, que « dévoile un système pertinent de dynamismes imaginaires » (*Mythocritique. Théorie et parcours*, p. 39). Autrement dit, cette branche des études littéraires s'intéresse aux mythes ancestraux tels qu'ils apparaissent et évoluent à travers l'histoire de la littérature. Ce chercheur a aussi contribué au développement d'un autre champ d'étude, la mythanalyse, dont Gilbert Durand précise qu'elle « consiste à appliquer les méthodes [élaborées dans le cadre de la mythocritique] à un champ plus large, celui des pratiques sociales, des institutions, des monuments autant que des documents » (*Introduction à la mythodologie. Mythes et sociétés*, Paris, Albin Michel, 1996, p. 205). La mythanalyse est donc une étude de la société contemporaine à partir des mythes qu'elle invente pour parler d'elle-même.
11. Northrop Frye, *Le grand code : la Bible et la littérature*, Paris, Seuil, 1984, 338 p.

sous la forme d'un récit mythique révélé[12], certes, mais constitue néanmoins une œuvre littéraire à part entière, selon Frye. Ce parti pris conditionne de manière essentielle la définition du mythe et de ses rapports à la littérature. L'histoire littéraire s'organise ainsi en temps successifs. Au fil des œuvres qui reprennent et actualisent sans cesse les mêmes récits, le mythe devient métaphore, que ce soit dans la poésie ou dans le théâtre. Autrement dit, les lecteurs (et les auteurs) perdent graduellement foi en la valeur d'explication du mythe, mais continuent à y croire en tant que symbole, ou allégorie, de la condition humaine. Ceci signifie que le même récit se modifie au gré des lectures et acquiert un rôle nouveau, contredisant ainsi en partie les définitions qu'on en a données, selon Frye.

L'apparition du roman tel qu'on le conçoit depuis Rabelais (XVIe siècle) et Cervantes (début du XVIIe) marque un autre tournant dans notre manière d'envisager le mythe, qu'on interprète dès lors comme une métonymie. C'est dire que les héritiers des héros des récits cosmogoniques cessent peu à peu de symboliser un « autre » monde gouverné par des forces surnaturelles. On ne décode plus les mythes à coups d'actes de foi, ils deviennent des représentations de l'expérience humaine concrète. À ce titre, l'épopée d'Achille parle de « notre » quête de reconnaissance ; le sacrifice de Patrocle

12. C'est-à-dire d'inspiration divine. Yahvé préexiste de toute éternité au monde qu'il crée dans la *Genèse* et cela est un point de dogme, de foi.

répète celui de générations décimées dans des entreprises guerrières insensées ; Ulysse incarne la destinée humaine et ses désirs impossibles à assouvir. Enfin, l'essai littéraire, aux yeux de Frye, puise dans les mythes pour réfléchir sur la quête existentielle et le nécessaire désir de subversion qu'elle suscite, dernière étape de l'évolution des récits issus de la mythologie. Par exemple, Albert Camus envisage le monde à partir de la perspective de Sisyphe, dans *Le mythe de Sisyphe.* Certaines œuvres contemporaines jouent un tel rôle. Dans *Les mouches,* Jean-Paul Sartre constate que le mythe des Atrides puise son sens, envers et contre Sophocle, dans l'existentialisme. Plus près de nous, dans *Incendies,* le dramaturge québécois Wajdi Mouawad transpose l'histoire d'Œdipe dans le contexte de la guerre civile libanaise et situe le dénouement de l'intrigue à Montréal. Bref, d'Hésiode à Darwin, on progresse pas à pas dans la longue odyssée du genre humain vers le paradis perdu[13] du savoir.

Plusieurs définitions du mythe le décrivent en tant que porteur d'une « vérité absolue » et écho de temps primordiaux. Toutefois, dans le cadre de la présente étude, nous nous concentrons sur un ensemble de manifestations littéraires, en cela qu'elles donnent accès aux mythes. Depuis les années 1990, plusieurs spécialistes s'accordent en effet pour considérer que mythe et mythe littéraire constituent une seule et même réalité. Ainsi, « le mythe et le mythe littéraire

13. Dans *Le héros aux mille et un visages*, Joseph Campbell soutient que dans toutes les traditions la fin de l'existence (la vieillesse et l'agonie) se colore du détachement et de la gratitude de ceux qui ont atteint leur but.

reposent sur des organisations symboliques, qui font vibrer des cordes sensibles chez tous les êtres humains[14] ». Pour sa part, André Siganos distingue le mythe littérarisé du mythe littéraire de la façon suivante :

> Le mythe littéraire, comme le mythe littérarisé, est un récit fortement structuré, symboliquement surdéterminé, d'inspiration métaphysique (voire sacrée) reprenant le syntagme de base d'un ou plusieurs textes fondateurs.
>
> Il s'agira d'un « mythe littérarisé » si le texte fondateur, non littéraire, reprend lui-même une création collective orale archaïque décantée par le temps (type Minotaure[15]).
>
> Il s'agira d'un mythe littéraire si le texte fondateur se passe de tout hypotexte non fragmentaire connu, création littéraire individuelle fort ancienne qui détermine toutes les reprises à venir, en triant dans un ensemble mythique trop long (type Œdipe avec *Œdipe Roi* ou Dionysos avec *Les Bacchantes*).
>
> Enfin, il s'agira encore d'un mythe littéraire, le plus indéniable celui-là, lorsque le texte fondateur s'avère être une création littéraire individuelle récente (type Don Juan[16]).

---

14. Philippe Sellier, « Qu'est-ce qu'un mythe littéraire ? », *Littérature*, n° 55, 1984, p. 118. Cet article, qui établit les fondements de l'approche littéraire des mythes, se comprend aussi dans la perspective d'un débat avec les anthropolologues qui affirmaient, dans la foulée de Lévy-Strauss, que « l'écrit tue le mythe ».
15. Comme « La demeure d'Astérion » de Borges (*L'Aleph*, Paris, Gallimard, coll. L'Imaginaire n° 13, p. 87-91).
16. André Siganos, *Le Minotaure et son mythe*, Paris, PUF, coll. Écriture, 1993, p. 32.

Le chevauchement du mythe et de la littérature se cristallise dans une conférence de Régis Boyer, au titre sans ambiguïté : « Existe-t-il un mythe qui ne soit pas littéraire[17] ? » Boyer y démontre que le mythe repose à la fois sur une image « magnétique [...] puissamment symbolique ou synthétique » et une histoire exemplaire « de nature toujours symbolique [qui] recouvre toujours un message universel[18] ».

Analyser le mythe : désir, rivalité, religion et sacrifice

Dans *La violence et le sacré,* René Girard étudie la notion de bouc émissaire, sa nature réelle et son impact sur l'efficacité des mythes. L'idée originale de ce chercheur postule qu'on « ne peut tromper la violence que dans la mesure où on ne la prive pas de tout exutoire, où on lui fournit quelque chose à se mettre sous la dent[19]. » Autrement dit, Girard soutient qu'on a inventé la religion et les mythes pour instaurer des rituels dont la finalité vise à calmer la violence humaine, plutôt qu'à honorer des dieux. Rien d'étonnant alors qu'on trouve une parenté entre Hector, Œdipe et le Christ. Le sacré[20]

17. Publiée dans les Actes du second congrès international organisé par le Centre de recherches en littérature comparée de Paris IV en 1994, *Mythes et Littérature*, Presses de l'Université de Paris-Sorbonne, 1994, p. 153-164.
18. *Ibid.,* p. 154.
19. René Girard, *La violence et le sacré*, p. 14.
20. On notera la proche parenté étymologique de « sacré » et « sacrifice ». « Le sacré est ce qui donne la vie et ce qui la ravit, c'est la source d'où elle coule, l'estuaire où elle

déterminerait un système judiciaire embryonnaire : lorsqu'un crime survient, ce n'est pas le coupable, mais bien la victime qui représente un danger pour la communauté, car cette victime risque de mettre en branle un cycle de violence. Il s'agit d'empêcher que cette vengeance s'enclenche en désignant une victime rituelle, qui sera sacrifiée par une autorité neutre, le prêtre. Comme l'ajoute Girard,

> [o]n peut voir un signe supplémentaire de l'action exercée par le sacrifice dans le fait qu'il dépérit là où s'installe un système judiciaire, en Grèce et à Rome notamment. Sa raison d'être disparaît. Il peut se perpétuer très longtemps, certes, mais à l'état de forme à peu près vide ; c'est généralement dans cet état que nous l'appréhendons, ce qui renforce en nous l'idée que les institutions religieuses n'ont aucune fonction réelle[21].

Pour démontrer la puissance opératoire de cette idée, Girard réfute d'abord un préjugé : les individus possèdent la faculté innée de fixer de manière autonome et authentique leur désir sur un objet. Par conséquent, aucun objet ne posséderait en propre une valeur susceptible de polariser le désir. Girard avance ce postulat en soulignant la dimension artificielle du désir, qui consiste toujours à imiter un modèle. Il impose donc un troisième élément, un « Autre » qui nous mène à interpréter la dualité des récits mythiques et mythologiques consacrés par la littérature. En effet, puisque l'individu ne possède

---

se perd. » (Roger Caillois, *L'homme et le sacré*, Paris, Gallimard, coll. Folio, Essais n° 84, 1988, p. 178.)

21. René Girard, *op. cit.*, p. 33.

pas la liberté de fixer lui-même son désir, il « se précipite vers les objets que lui désigne, ou semble lui désigner, le modèle [...] Nous appellerons ce modèle le *médiateur* du désir[22]. »

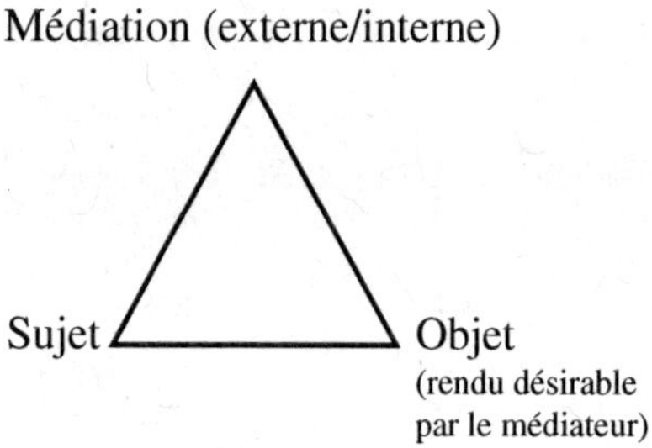

La structure actantielle qui se dessine ici montre que plus le médiateur se laisse découvrir, moins le sujet peut s'imaginer libre. Au contraire, il se trouve paralysé dans son action[23]. Girard distingue ainsi deux types de médiation : *externe* et *interne.* Le médiateur externe se présente comme un idéal impossible à surpasser, un modèle (humain ou divin)

22. René Girard, *Mensonge romantique et vérité romanesque*, Paris, Grasset, 1997, p. 16.
23. Annonçons tout de suite qu'il s'agit d'un aspect fondamental de plusieurs des analyses qui suivront. Girard n'hésite pas à souligner le caractère révolutionnaire de son idée. Ceci dit, elle consiste en un raffinement du concept de « manipulation », qui constitue la première étape du programme narratif de Greimas. On peut affirmer la même chose du rôle du destinateur dans le modèle actantiel.

dont l'indiscutable supériorité n'inspire rien d'autre que la vénération. Le médiateur interne n'impose pas un tel respect ; ainsi, le sujet le considère comme un rival à qui il se mesure et qu'il souhaite remplacer. En quelque sorte, soit le médiateur « trône dans un ciel inaccessible et il transmet à son fidèle un peu de sa sérénité, [soit] ce même médiateur est descendu sur terre[24]. »

L'analyse de mythes littéraires sert à débusquer ces médiateurs internes camouflés dans un réseau touffu et subtil « parce que le héros de la médiation interne, loin de tirer gloire de son projet d'imitation [au contraire du sujet qui, lorsque confronté à un médiateur externe, proclame sans hésiter sa dette à l'endroit du modèle qui prescrit ses désirs], le dissimule soigneusement[25]. » Et pour cause, car ce médiateur interne « est maintenant un ennemi subtil et diabolique ; il cherche à dépouiller le sujet de ses plus chères possessions ; il contrecarre obstinément ses plus légitimes ambitions[26] ». Bref, pour éliminer des rivaux potentiels, quitte à les dresser les uns contre les autres, un médiateur interne s'active pour interdire à un sujet la propriété légitime d'un objet auquel il prétend (on verra plus loin comment Agamemnon tente en vain de réaliser cette opération et comment Laïos et Œdipe s'affrontent sans savoir que l'enjeu de leur lutte réside en un objet unique). Girard pousse ses conclusions jusqu'à associer cette relation triangulaire à la superstition et au sentiment

24. René Girard, *op. cit.*, p. 21.
25. *Ibid.*, p. 24.
26. *Ibid.*, p. 25.

religieux. De fait, il suggère que le « parricide [...] expie son crime en recouvrant sa lucidité[27] », à savoir qu'il reconnaît la relation contre nature, profondément monstrueuse, qui l'a mené à son crime.

Voici pourquoi un nombre important de mythes, notamment plusieurs récits de l'Ancien Testament, mettent en scène des frères ennemis. Ceux-ci symbolisent, à l'échelle du mythe, la rivalité qui oppose des sujets indifférenciés dans leur quête d'un objet impossible à partager. Cette violence qu'ils paraissent fatalement appelés à exercer l'un contre l'autre ne peut se dissiper, faute de victimes adéquates, destinées à remplir la fonction sacrificielle. Bref, la nature conflictuelle du désir se construit à partir d'un médiateur ramené au statut de sujet par son incapacité à imposer sa supériorité, et d'un sujet qui refuse de freiner son propre désir, désormais hors de contrôle. Girard nomme cet état de grande instabilité « la crise sacrificielle ». Elle découle d'une « rivalité mimétique ».

On l'a dit, une communauté en butte à un conflit mimétique camoufle cette violence réciproque potentiellement catastrophique par l'instauration d'un système sacrificiel. Celui-ci permet normalement d'évacuer la violence latente :

> Le fonctionnement correct du sacrifice exige [...] une apparence de continuité entre la victime réellement immolée et les êtres humains auxquels cette victime est substituée [...] qui repose sur un équilibre forcément délicat [...]. Il n'y a rien, dans le sacrifice, qui ne soit rigidement

27. *Ibid.*, p. 337.

> fixé par la coutume. L'impuissance à s'adapter aux conditions nouvelles est caractéristique du religieux en général[28].

Ce postulat explique que les récits mythiques débutent par l'expression d'un état de crise, souvent camouflée sous le couvert de la peste (on en verra l'écho littéraire tant dans l'*Iliade* que dans *Œdipe Roi*). Le fonctionnement du mythe repose sur les tentatives, d'abord infructueuses, de dénouer cette impasse. La figure du héros émerge lentement de cet état de violence indifférenciée, vrai visage du sauveur imprimé sur le suaire du mythe et que reproduisent, en copies parfois déformées, les œuvres littéraires. Cette crise constitue d'ailleurs un incipit efficace au théâtre, dans le roman et dans la nouvelle.

Ce modèle triangulaire fonde nos analyses en raison de sa simplicité d'application et de sa plasticité. À terme, nous verrons que l'univers où se rencontrent les hommes, les dieux et leurs mythes se caractérise par un état de crise perpétuelle, où « la violence devient de plus en plus manifeste [...]. C'est elle, désormais, qui mène le jeu ; elle est la divinité que tous s'efforcent de maîtriser mais qui se joue de tous successivement[29] ». Voici donc les pistes que nous allons suivre pour donner un sens, une signification, aux comportements parfois en apparence incohérents des héros mythiques. Qu'en est-il d'Achille, d'Ulysse et de leurs frères d'armes ? Qu'est-ce que cette notion nous permet de comprendre à propos d'Œdipe ?

---

28. René Girard, *La violence et le sacré,* p. 63.
29. *Ibid.*, p. 214.

Présentation des épopées homériques

L'identité et l'existence d'Homère posent problème. Les œuvres qu'on lui attribue datent du VIIIᵉ siècle av. J.-C., ce qui ferait de lui un auteur plus ancien qu'Hésiode, mais on ne peut qu'émettre des suppositions sur l'époque exacte à laquelle il vécut et le pays qu'il habita. De même, plusieurs caractéristiques divergentes de l'*Iliade* et de l'*Odyssée* poussent les spécialistes à supposer que deux auteurs, voire un homme et une femme[30], ont produit ces chefs-d'œuvre, rédigés dans un mélange de dialectes[31] grecs d'Asie mineure à l'époque où une partie importante de l'activité intellectuelle et économique grecque se déroulait dans l'actuelle Turquie et dans les îles côtières de la mer Égée.

Homère serait ainsi bien plus près de Troie, lieu des quatre journées de combat de l'*Iliade,* que d'Ithaque, lieu de l'affrontement final entre Ulysse et les prétendants au trône et à la main de Pénélope, son épouse. La réunion en vingt-quatre chants

30. C'est l'hypothèse que formule Raymond Ruyer dans *Homère au féminin*, Paris, Copernic, 1977. Il s'inspire d'une idée d'abord proposée par Samuel Butler, à la fin du XIXᵉ siècle.
31. Selon C. J. Ruijgh, il s'agit probablement d'« un dialecte poétique artificiel qui comporte, à côté des éléments ioniens contemporains du poète, de nombreux éléments éoliens de date plus ancienne et quelques éléments achéens de l'époque mycénienne » (citation tirée de Suzanne Saïd, *Homère et l'Odyssée*, Paris, Belin, 1998, p. 36). Ces questions linguistiques ont de l'importance quand on traite de la scansion et de la prosodie des textes homériques, aspects hors de notre propos.

daterait de quelques siècles après « l'écriture » des épopées, probablement à Athènes, sous le tyran Pisistrate, créateur des concours de tragédies. Comme les récits mythologiques, il arrive que des œuvres littéraires se modifient au fil du temps. On postule que, d'un fond de légende, un ou des aèdes auraient réuni des séquences de variations mythologiques, d'abord diffusées sous forme orale. Notons au passage qu'on fait mention dans chacune des épopées de la légende du roi Œdipe et de sa femme, ici appelée Épicasté au lieu de Jocaste.

Quant à la guerre de Troie, elle a bel et bien eu lieu[32] et se serait déroulée environ quatre siècles avant la rédaction présumée des épopées. Cet écart renforce l'idée d'une lente évolution de ces récits glorieux, comme le suggère leur structure. Ainsi, dans l'*Odyssée,* avant qu'Ulysse ne relate ses propres aventures au roi Alcinoos, l'aède Démodocos livre un récit où apparaît ce même Ulysse. Quoi qu'il en soit, les textes contiennent des interpolations, des additions et des variantes à la trame générale, phénomène dont les Anciens eux-mêmes reconnaissaient l'existence. Enfin, l'authenticité de certains épisodes demeure incertaine, et il existe plusieurs fragments intermédiaires, auxquels nous reviendrons, qui relient les événements de la première épopée à la seconde.

32. Clin d'œil au titre d'une pièce de Jean Giraudoux, *La guerre de Troie n'aura pas lieu*, créée en novembre 1935, alors que pesait la menace de la Seconde Guerre mondiale.

Ceci dit, nous demeurons conscients du fait que le statut des épopées fluctue à travers l'histoire. Ces textes appartiennent à la mythologie en cela qu'ils expriment un jeu de symboles et une compréhension du monde. Toutefois, élément capital, rien ne prouve que les Grecs « croyaient » à ces mythes, pour reprendre le sujet de la réflexion de Paul Veyne[33], Nous envisagerons ainsi dans les prochains chapitres les héros épiques selon deux perspectives. Tout en respectant la première, qui suit l'établissement du mythe, nous proposerons des pistes qui déconstruisent en partie cette lecture. En bout de course, qui sait, cette attitude d'ouverture s'avère peut-être plus fidèle qu'il n'y paraît d'emblée à la manière dont le public d'origine recevait ces œuvres.

Dans sa présentation de l'*Iliade*[34], Jean Métayer explique que la composition de cette épopée repose sur cinq séquences doubles, qui occupent quatre journées de combats répartis sur une cinquantaine de jours, près de dix ans après l'enlèvement d'Hélène, épouse du roi Ménélas, par Pâris, un des douze fils du roi troyen. Les trois premières journées se déroulent après le refus d'Achille de combattre, en réaction à l'outrage que lui inflige Agamemnon, frère de Ménélas. La dernière journée de combat voit le retour de ce guerrier redoutable dans les rangs grecs, pour venger la mort de son ami Patrocle aux mains d'Hector, le plus valeureux des Troyens. L'épopée se

33. Paul Veyne, *Les Grecs ont-ils cru à leurs mythes ? Essai sur l'imagination constituante,* Paris, Seuil, 1992, 168 p.
34. « Présentation », Homère, *Iliade*, Paris, Garnier-Flammarion, 2000, p. 12-14.

conclut par la rencontre entre Achille et Priam, roi de Troie et père d'Hector, venu réclamer le corps de son fils, mort au terme d'un combat singulier contre Achille. Le tableau suivant identifie ces dix séquences, auxquelles nous reviendrons dans le cadre des chapitres d'analyse. On peut noter que les séquences se répondent deux à deux :

Début Querelle entre Agamemnon et Achille en raison de la peste qui ravage les troupes grecques aux portes de Troie.	Conclusion Réconciliation d'Achille et de Priam ; funérailles et jeux mortuaires.
Séquence 2 Demande d'Achille à Thétis, sa mère, pour qu'elle intercède en faveur des Troyens auprès de Zeus.	Séquence 9 Demande de Priam à Achille dans l'espoir de récupérer le corps de son fils.
Séquence 3 Voyage : on ramène sa fille à Chrysès ; Agamemnon dépouille Achille de Briséis. Combat singulier entre Ménélas et Pâris. Fuite de Pâris, grâce à Aphrodite.	Séquence 8 Thétis promet à son fils qu'Héphaïstos lui forgera de nouvelles armes. Combat singulier entre Achille et Hector. Victoire d'Achille, grâce à Athéna.

Séquence 4 Demande de Thétis à Achille pour qu'il se tienne loin des combats, car il doit choisir entre longue vie et gloire éphémère.	Séquence 7 Demande de Zeus à Thétis, pour qu'elle sollicite l'aide de son fils. Patrocle revêt l'armure d'Achille et combat à sa place. Hector le défait et lui prend son armure.
Séquence 5 Querelle sur l'Olympe. Zeus favorise les Troyens, mais interdit aux autres dieux de se mêler aux combats.	Séquence 6 Querelle sur l'Olympe. Héra endort Zeus, de sorte que Poséidon peut favoriser l'armée grecque.

Quant à l'action de l'*Odyssée,* elle ne couvre qu'une quarantaine de jours sur les dix ans dont a besoin Ulysse pour rentrer à Ithaque. Ulysse apparaît au chant V, alors qu'il déplore d'être tenu loin de sa patrie et de son foyer par la nymphe Calypso qui « souhaitait fort l'avoir pour époux[35] ». Le dieu messager Hermès ordonne à celle-ci de relâcher son

35. Homère, *Odyssée*, I, 15, dans la traduction de Louis Bardollet (*L'Iliade*, *L'Odyssée*, Paris, Robert Laffont, coll. Bouquins, 1995, p. 381). Désormais, à moins d'indication contraire, toutes les références à l'*Iliade* et à l'*Odyssée* proviennent de ces traductions et les références bibliographiques se limiteront à une mention entre parenthèses du numéro du chant et des vers cités. La numérotation des vers est parfois approximative puisqu'elle n'a pas été établie à partir de l'édition grecque.

hôte, qui refuse l'immortalité que lui offre la déesse. Ulysse préfère l'humanité, bien qu'il sache que de nombreux périls l'attendent sur la mer, domaine du dieu Poséidon, qui ne lui pardonne pas d'avoir énucléé le cyclope Polyphème.

Les quatre chants initiaux de cette épopée expliquent comment Athéna profite de l'absence de Poséidon pour obtenir des dieux le retour d'Ulysse en son foyer. De plus, sur le conseil de la déesse, Télémaque visite Nestor, puis Ménélas, tous deux vétérans des combats devant Troie, qui prétendent que son père serait toujours vivant et sur le point de rentrer. Ces quatre premiers chants constituent la Télémachie, que certains considèrent être une addition. Les chants suivants racontent comment Ulysse quitte l'île d'Ogygie et accoste sur les rives du royaume d'Alcinoos, roi des Phéaciens. Après avoir caché son identité, il lui fait le récit rétrospectif de ses dix années de voyage. Il évoque ses errances au milieu d'êtres monstrueux (le cyclope, les Sirènes, Charybde et Scylla), auprès d'une magicienne (Circé, qui a transformé ses compagnons en pourceaux), chez des peuples étranges (Lestrygons, Lotophages) et dans le domaine de divinités (l'île d'Éole et celle d'Hélios). Il est même descendu aux enfers et a rencontré plusieurs personnages, dont Achille, sa mère Anticlée, et celle d'Œdipe.Tirésias lui indique la route à suivre et les dangers qu'il devra affronter. La seconde moitié de l'*Odyssée* se déroule à Ithaque, où les Phéaciens l'ont reconduit. À nouveau Ulysse ne révèle pas immédiatement son identité. Il ne se fait reconnaître que par son porcher, Eumée, puis par son fils, afin de planifier le massacre des prétendants, qui réclament depuis des années que Pénélope choisisse l'un d'eux pour succéder à Ulysse. Lors de l'épreuve finale, imposée par Pénélope, Ulysse dévoile son identité et extermine les jeunes hommes en plus de pendre les servantes qui se sont livrées à eux. Pénélope retrouve alors Ulysse, non sans qu'elle lui impose une dernière épreuve, pour qu'il confirme hors de tout doute son identité. Enfin, le dernier chant conclut l'épopée par l'intervention d'Athéna. Elle ordonne que cessent les combats opposant Ulysse, son père et son fils aux pères des prétendants venus venger les victimes.

Nous suivrons ces épisodes en plus d'étudier diverses interpolations, à travers des œuvres postérieures de plusieurs siècles. Dans le cas des prolongements des épopées homériques, nous identifierons la présence de mythèmes, c'est-à-dire de fragments reconnaissables du mythe d'origine, pour découvrir comment celui-ci a été transformé. Pierre Brunel[36] nomme « émergence » la phase de repérage et « flexibilité » l'étape qui décrit la transformation du mythe initial. Ces reprises et transformations s'opèrent selon deux mouvements : réification et déconstruction. Dans le premier cas, il s'agit de donner une nouvelle vie au mythe sans en changer la teneur. Déconstruire un mythe consiste à reprendre celui-ci pour le modifier ou le contester. Une des façons les plus courantes de « moderniser » les mythes consiste à valoriser ce qui, dans un

36. Pierre Brunel, *Mythocritique. Théorie et parcours*, Paris, PUF, coll. Écriture, 1992, 294 p.

récit, s'éloigne des valeurs exaltées par la tradition. L'œuvre littéraire s'inscrit toujours au sein d'une tradition, d'une culture, d'une interaction entre l'auteur et la société[37].

Si l'on étudie la présence des mythes dans la littérature, on s'interroge sur la représentation que les personnages ont d'eux-mêmes et sur leur relation au monde dans lequel ils évoluent. Nous constaterons, à la suite de nos analyses, qu'une idéologie ressort des œuvres étudiées, plus ou moins en accord avec celle qui domine dans les mythes d'origine.

---

37. Ce postulat se fonde sur plusieurs sources critiques. Citons ici Jacques Cabau, pour qui l'actualisation de mythes nationaux peut contribuer à leur déconstruction, ce qui s'actualise dans le cas du roman américain. Ce chercheur souligne que « [l]a Grèce avait l'*Iliade*, Rome son *Énéide*, l'Angleterre ses légendes arthuriennes, la France sa *Chanson de Roland* […]. Avec [Fenimore] Cooper enfin, la *frontier*, en entrant dans les lettres, devint le grand mythe américain, le facteur le plus important de la psychologie comme de la politique américaines […]. Mais chez Cooper déjà le mythe […] est teinté de nostalgie. Car les conquérants […] partis à la conquête de leur idéal, en sont aussi les destructeurs, comme si l'homme ne pouvait se réaliser qu'en détruisant l'innocence. » (*La prairie perdue. Le roman américain*, Paris, Seuil, 1981, p. 18-19.)

SECONDE PARTIE

MYTHES GRECS ET RÉCITS MYTHIQUES

Chapitre 2
Les masques d'Achille

La beauté des héros mythologiques est telle qu'elle rejette parfois dans l'ombre les œuvres littéraires qui les dessinent. Il semble en aller ainsi pour Achille, qui possédait « l'art de parler d'égal à égal avec les dieux. Parce que tous s'accordaient à reconnaître qu'on ne pouvait jouer sans lui[1] ». Véritable quintessence du héros antique, Achille se définit tout entier dans le pari insensé et perdu d'avance qu'il tient contre la mort ; « il eut le choix entre une vie étincelante et brève et une vie obscure et longue. Et que choisit-il ? De vivre vite, de mourir jeune, mais sa vie fut brillante[2] ». Qui plus est, son sacrifice permettra la chute de Troie. Voici ce que cristallise le mythe. Achille possède aussi une humanité supérieure ; son caractère monolithique l'oppose radicalement aux autres héros, nécessairement de moindre envergure, des épopées homériques. Notons, avec Delecroix, qu'il

1. Vincent Delecroix, *Tombeau d'Achille*, Paris, Gallimard, coll. L'un et L'autre, 2008, p. 24.
2. *Ibid.*, p. 42.

n'était pas « chafouin comme Ulysse, pontifiant comme Nestor, stupide comme Agamemnon, lâche comme Pâris – et surtout pas cocufié comme Ménélas. Parce qu'il était pur, dans sa violence comme dans sa magnanimité, dans son chagrin comme dans sa joie triomphante[3]. »

Delecroix définit Achille par la négative. Pourtant, il ne précise à aucun moment que le premier des héros épiques n'agit que sous la contrainte. De fait, le programme narratif d'Achille révèle une étrange absence de motivations apparentes en dépit de ses indéniables aptitudes au combat ; en termes sémiotiques, il possède une compétence indiscutable, mais une motivation imprécise pour mener à bien la performance qu'on lui impose : conquérir la cité de Troie pour y reprendre la belle Hélène et la redonner à Ménélas.

Le grand Achille n'est pas parti de son plein gré pour cette guerre, dans le but de s'enrichir ou de se venger : « [les Troyens] ne m'ont rien fait [...]. C'est toi, champion d'impudence, que nous avons accompagné pour ton contentement » (*Iliade,* I, 154-158, *passim*). Il n'y a participé qu'en vertu de sa déférence apparente envers un roi qui ne l'égale en rien, et il s'en retire au chant I pour une raison qui semble servir de prétexte pour camoufler un motif obscur. Enfin, il ne retournera au combat (chant XX), la mort dans l'âme, que pour venger Patrocle, un ami qui se montre plus soucieux que lui d'assumer ses responsabilités. Sa défaite vient d'une flèche tirée par le lâche Pâris,

3. *Ibid.*, p. 25.

qui aurait dû mourir aux mains de Ménélas dès le chant III. Enfin, on le répétera, la victoire d'Achille sur Hector ne se traduit pas par le triomphe des Achéens. L'auteur romain Sénèque le suggère dans la tragédie qu'il consacre à Agamemnon. Le chœur chante en effet :

> Non
> Troie ne fut pas vaincue par le fils de Thétis et
> de Pélée
> Ni par Patrocle son amant
> Ce n'est pas ce faux Achille
> Qui faucha les Troyens
> Achille lui-même ne put les vaincre
> Achille rendu enragé par la mort de Patrocle
> Qui courait comme un fou autour des remparts
> Sous le regard terrifié des Troyens[4].

Même si Achille élimine le champion troyen, les siens se retrouvent les mains vides, privés à brève échéance de son secours. Achille camoufle un mystère, possède une profondeur que nous ne prétendons pas épuiser ici, mais que nous éclairerons, au moins en partie, d'abord en établissant la chronologie des événements de sa vie, de sa naissance à sa mort en passant par ses relations amoureuses et ses actions guerrières. Nous puiserons bien entendu la matière de ce portrait chez Homère,

4. Sénèque, *Agamemnon. Théâtre complet,* traduction de Florence Dupont, Actes sud, coll. Thesaurus, 2012, p. 366. Mieux connu comme stoïcien et moraliste, ce philosophe du 1er siècle après J.-C. a aussi écrit des tragédies destinées à être lues à voix haute plutôt que jouées. Neuf nous sont parvenues, dont *Œdipe.*

mais aussi dans les œuvres de certains de ses continuateurs antiques, Euripide et Apollodore. Pour les interpréter, nous appliquerons ensuite à ces données les concepts de René Girard à propos de la rivalité mimétique et du double monstrueux. Comme le suggère André Siganos,

> [c']est par le passage de l'un à l'autre que fonctionneront, dans le même mythe, deux niveaux au moins de signification : d'une part une tentative de *mimesis* dans laquelle réside toute la vérité symbolique du mythe, et d'autre part celle d'une mise en scène, c'est-à-dire une tentative d'explication du monde. Ce double niveau s'illustre [...] en ce qu'un mythe peut être à la fois étiologique (il tient du *logos,* mais d'un faux *logos*) et ontologique (il tient alors du *mythos*)[5].

Si le mythe revêt ce héros d'un habit de gloire (comme les armes et le bouclier que lui forge Héphaïstos exposent ses exploits et présagent implicitement sa mort), il en dissimule aussi les traits véritables, ce que la lettre des œuvres qui nous parlent d'Achille contredit en tout ou en partie. Rappelons après Sénèque la première évidence que l'*Iliade* impose lorsqu'on cherche à la lire en voilant la lumière du mythe : Achille ne joue qu'un rôle indirect dans la chute de Troie. À la fin de cette épopée, les murs de cette cité construite par Apollon et Poséidon ne montrent aucun signe de faiblesse. Apollodore consacre d'ailleurs de longs

5. André Siganos, *op. cit.*, p. 6.

passages de *La bibliothèque* à décrire la suite des combats, après la mort d'Hector[6]. On y apprend que rien dans leur violence ne laisse présager le dénouement final de cette folie guerrière, encore moins la victoire du camp grec[7]. Au cours de ces combats, les Amazones se jettent dans la mêlée et font un carnage parmi les rangs de l'armée grecque, avant qu'Achille ne se mette de la partie. Qui plus est, au cours du combat, celui-ci tue l'Amazone Penthésilée, fille d'Arès. Lorsqu'il découvre son visage (elle était masquée), il s'éprend d'elle bien qu'elle ait tué Machaon, qui possédait l'art de guérir les blessures. Inapte à assumer ses désirs, Achille terrasse Penthésilée, mais se bat ensuite contre les Grecs qui n'honorent pas sa mémoire. Le dernier homme qu'il tue avant de périr à son tour, Thersite, appartient au camp grec. On pourrait dire d'Achille que, loin de chercher à mettre un terme au conflit, il le prolonge et en incarne la sauvagerie même.

6. Apollodore, *La bibliothèque. Un manuel antique de mythologie,* traduit sous la direction de Paul Schubert, Genève, Éditions de l'Aire, 2003 (Épitomé, 5.1 à 5.9), p. 231-235.
7. Dans l'*Iliade*, Homère désigne les guerriers réunis sous les ordres d'Agamemnon en fonction de la région d'où ils proviennent. Ceux-ci sont donc Achéens, Danéens et Argiens plutôt que Grecs (terme qui apparaîtra d'ailleurs dans la péninsule italienne pour désigner ceux qui s'appelaient plutôt et continuent de s'appeler Hellènes). Ceci dit, dans la perspective de notre analyse, deux armées s'opposent : les Troyens affrontent leurs envahisseurs grecs.

Après la mort d'Achille, d'une flèche de Pâris guidée par Apollon, il faut la ruse d'Ulysse et son fameux cheval de Troie pour clore l'interminable tuerie. Existe-t-il d'autres motifs de remettre en question la limpidité du mythe d'Achille ? Au cours de l'*Iliade,* pourquoi Achille se montre-t-il si boudeur, capricieux, égoïste en se réfugiant dans sa tente, en retrait du combat ? Pourquoi prétexte-t-il la mort qui l'attendrait alors que d'autres meurent à sa place ? Sa requête, apparemment mal avisée, à Thétis de favoriser la victoire des Troyens n'a pas pour effet de faire plier Agamemnon, mais occasionne plutôt la mort de Patrocle, sur qui il avait juré de veiller. Il faut aussi s'émerveiller du fait que les Troyens tremblent d'effroi lorsque Achille sort de sa tente, *sans armure,* pour hurler sa douleur, même s'ils viennent de vaincre son fidèle ami, porteur de ses armes invincibles, et qu'Hector revêt désormais la prestigieuse cuirasse. Est-ce que leur effroi provient uniquement de la crainte de voir le guerrier endeuillé revenir au combat ? La terreur qu'il inspire relève-t-elle de sa seule apparence ? Au fait, à quoi Achille ressemblait-il ? Enfin, les combats d'une extrême violence qui s'ensuivent paraissent cesser abruptement pour permettre à Hector, porteur à son tour des armes fameuses dérobées à Patrocle, et à Achille de se livrer à une longue poursuite. Cette course se termine par un duel dont la brièveté ne cadre pas avec la mise en scène qui précède, lors de laquelle Pallas Athéna promet à Achille de faire pencher la balance en sa faveur. La sauvagerie d'Achille après sa victoire cadre mal avec l'image de grandeur qu'il devrait dégager. Bref, l'oracle Calchas ment-il lorsqu'il prédit que Troie ne tombera pas sans son secours ? Supposons plutôt que, comme dans une tragédie[8], son message se révèle d'une ambiguïté qui ne diminue pas la grandeur du héros, mais révèle une dualité qui témoigne de sa complexité. À la fois homme et dieu, marqué par l'humanité et la monstruosité, ambivalent dans ses amours et ses amitiés, Achille possède un statut bien plus complexe qu'il n'y paraît. Son importance ne se comprend qu'en identifiant le réseau de rivalités mimétiques qui l'emprisonnent.

Redisons-le, la naissance et les années de formation d'Achille, fils d'un mortel et d'une déesse, fournissent des éléments de réponse aux questions que soulève l'*Iliade* : son refus de combattre ; ses larmes sur le corps de Patrocle ; la terreur qu'il inspire du seul fait de sa présence, sans arme et presque nu, aux abords du champ de bataille ; son acharnement sur le corps d'Hector, son rival et son égal dans l'héroïsme ; son échec apparent, enfin, à provoquer la chute des murailles troyennes. Au bout du compte, Achille possède autant de traits communs avec Judas qu'avec une figure christique. Notons d'emblée qu'il donne le baiser de la mort à Hector, un homme qui souffre pour le royaume de son père. S'il agit plus tard à l'endroit de Priam *comme son véritable fils,* c'est que la mort d'Hector le transfigure, le dépouille

8. Dans *Naissance du roman* (Paris, Seuil, 1991), Massimo Fusillo suggère que si l'*Odyssée* constitue le prototype du roman, l'*Iliade* porte en germe la structure de la tragédie.

de sa propre image. En effet, au moment de mourir, Hector porte les armes mêmes qui ont permis auparavant à Patrocle d'incarner Achille, la quintessence du rival mimétique, selon le modèle de Girard.

Avant de nous avancer trop loin dans l'analyse, étudions le mythe dans sa facture, à partir des moments marquants de l'existence du héros, mais aussi des articulations principales de la quête qu'on lui impose.

Naissance et mort d'un héros : le baptême du feu

Pour la plupart des lecteurs, la véritable naissance d'un héros coïncide avec sa première apparition à titre de personnage de fiction. Le premier chant de l'*Iliade* condamne Achille à l'inaction. Pour l'éternité, il demeure un vaincu, qui se résigne à remettre Briséis à Agamemnon, dont il ne respecte pas l'autorité, *roi des rois* incapable de s'imposer en qualité de médiateur externe. Ce dernier dépasse Achille en pouvoir, mais pas en valeur, et assume mal sa part de responsabilité dans la peste qui accable son armée, aux tout premiers vers de l'épopée. Cette malédiction découle en effet du rapt de Chryséis, fille de Chrysès, prêtre d'Apollon : « pris de colère contre le roi, à travers l'armée il suscita une mauvaise maladie ; et le peuple des guerriers de périr, parce que l'Atride avait traité sans égards son prêtre Chrysès » (*Iliade,* I, 8-11). Agamemnon n'accepte de remettre la jeune femme à son père que pour spolier Achille. Notons, à nouveau, la similitude de l'affront que subit Achille et de l'humiliation de Ménélas, que Pâris cocufie.

Si l'enlèvement d'Hélène légitime la guerre contre Troie, rien n'indique que celui de Briséis écarte la maladie qui accable l'armée grecque[9]. Désormais, en tout cas, la peste possède un visage, celui d'Achille, tapi dans sa tente. Véritable foyer de contagion, celui-ci sème la mort par son impassibilité comme, plus tard, il le fait par ses prouesses guerrières. Il devient alors un héros bien ambigu, qui quémande à sa mère la faveur de voir l'ennemi « près des poupes, au bord de la mer, bloquer et [...] tuer les Achéens » (*Iliade,* I, 409-410). Il condamne ainsi sans le savoir Patrocle, son protégé et meilleur ami. Pourtant, il prise plus la vie de Patrocle que celle de Briséis. La douleur sans équivoque qu'il éprouve à la mort de son compagnon le confirme et met en relief les deux pôles du dilemme insoluble qui l'immobilise : son désir de gloire s'oppose à son affection. Il faut creuser plus loin que son différend avec Agamemnon pour comprendre ce qui lui impose de rester en retrait, au centre d'un labyrinthe jonché de cadavres, véritable Minotaure guettant patiemment sa prochaine victime, plutôt que de reprendre la mer et de rentrer chez lui sain et sauf.

---

9. De fait, comme certains analystes le suggèrent à propos *d'Œdipe Roi*, célèbre tragédie de Sophocle, la peste constitue le voile qu'emprunte le mythe pour dissimuler la violence réelle qu'imposent des envahisseurs à leurs frères humains. Autrement dit, aucun sacrifice ne parvient à l'enrayer tant que persiste la rivalité mimétique entre deux camps incapables de policer leurs désirs antagonistes pour un objet commun.

On le devine, la rivalité mimétique se caractérise par la trop grande identité entre médiateur et sujet. Les motifs de la colère d'Achille possèdent des racines plus profondes que cette querelle, goutte faisant déborder le vase. Le refus de combattre d'Achille remonte en effet au moment où se constitue l'armée grecque. À la suite de la prophétie du devin Calchas, tous s'entendent sur la nécessité d'engager Achille dans la bataille pour assurer la victoire grecque. Cependant, celui-ci n'ignore pas que sa présence au combat se traduira inévitablement par sa mort. Ajoutons que Calchas tient son inspiration d'Apollon, le dieu qui viendra à bout du héros achéen. Sophocle le confirme dans son *Philoctète.* On y apprend qu'Achille connaît la mort, mais « non pas de main d'homme […]. Un dieu l'a atteint de sa flèche : Apollon a eu raison de lui[10]. »

Pour les même motifs, la déesse Thétis redoute par-dessus tout le départ de son fils, comme le rapporte Apollodore : « [q]uand Achille fut âgé de neuf ans, Calchas déclara que Troie ne pourrait être prise sans lui, mais Thétis, sachant à l'avance qu'il devrait mourir s'il prenait part à l'expédition, le cacha sous un vêtement de femme et le confia à Lycomède en le faisant passer pour une fille[11] ». Voilà pourquoi Achille renâcle à l'idée de se sacrifier pour une cause qui lui importe peu. Plus près de nous, Alessandro Baricco s'interroge à

10. Sophocle, *Philoctète. Les tragiques grecs,* Paris, de Fallois, 1999, p. 636.
11. Apollodore, *op. cit.* (III, 13.8), p. 184.

propos de la futilité apparente de la quête d'Achille en faisant entendre d'outre-tombe la voix de Patrocle : « D'étranges légendes circulaient sur [Achille]. Qu'il serait le guerrier sans lequel Troie ne serait jamais conquise. Aujourd'hui, ses os sont mêlés aux miens, ensevelis dans l'île Blanche. Sa mort lui appartient[12] ».

Si l'on remonte encore plus en amont, au récit de la conception et de la naissance d'Achille, on comprend qu'il porte d'emblée la marque du destin, lui dont l'existence dépend d'un mariage contre nature. En effet, Apollodore raconte comment Prométhée retient Zeus, au moment où il s'unit à la changeante Thétis : l'enfant qu'elle mettra au monde dépassera son père, lui souffle-t-il à l'oreille. Zeus, de crainte qu'un nouveau « maître du ciel » le supplante, se retire, puis la condamne à épouser un mortel. Il impose peut-être aussi cette sanction pour contrarier Héra, qui a élevé cette femme d'une beauté surnaturelle. Bien qu'Apollodore ne dise pas grand-chose à ce sujet, il nous apprend que Thétis se métamorphose d'abord en feu, puis en eau, enfin en bête sauvage, avant de se laisser posséder par Pélée, humain de sang royal, fils d'une nymphe. Voici pourquoi on peut dire que l'union de cette déesse protéiforme avec un mortel augure un destin torturé pour la progéniture. À l'instar du Minotaure, fruit de l'union entre la mortelle Pasiphaé et Zeus,

12. Alessandro Baricco, *Homère. Iliade*, Paris, Gallimard, 2007, p. 119. Apollodore mentionne cette sépulture commune, voir Épitomé, 5.5, qui unit Achille et Patrocle dans la mort, tels des amants tragiques.

métamorphosé en taureau, Achille combine en lui une violence de bête sauvage et un raffinement de demi-dieu. Avec une telle hérédité, on peut supposer que le visage d'Achille rayonne d'un bien étrange éclat. Delecroix qualifie, un peu vite on s'en doute, sa beauté, « celle d'une femme[13] » :

> le masculin est aussi le féminin, son corps est double. Beauté est le nom de cette duplicité. Ce n'est pas même Achille efféminé : Apollon, son grand rival et son seul véritable meurtrier, porte dans l'immortalité et le marbre inaltérable, comme son image exacte mais invulnérable[14].

En fait de beauté, Achille arbore plutôt depuis l'enfance un masque des plus effrayants. Selon Apollodore, pour effacer la part mortelle que son fils tient de Pélée, Thétis plonge chaque nuit une portion de son corps dans le feu, puis l'enduit d'ambroisie[15]. Cette douloureuse initiation demeure inachevée, car Pélée, un soir qu'il épie Thétis, voit l'enfant soumis aux flammes se tordre de douleur.

---

13. Vincent Delecroix, *op. cit.*, p. 83.
14. *Loc. cit.*
15. Cette version diffère de celle selon laquelle Thétis aurait plongé le corps de son enfant dans le Styx en le tenant par le talon, et qui ne figure pas dans l'*Iliade* (voir notes de la traduction d'Eugène Lasserre, Paris, GF Flammarion, 2000). Le héros ossète Soslan a subi semblable épreuve : né d'une roche, il est couvert de charbon et chauffé au rouge, après quoi on le plonge dans une auge remplie de lait de louve. L'enfant doit cependant plier les genoux, l'auge étant trop courte. « Soslan se releva donc en bon acier, sauf aux genoux, qui restèrent de chair. » Évidemment, cela lui sera fatal. (*Le livre des héros. Légendes sur les Nartes*, traduit de l'ossète par Georges Dumézil, Paris, Gallimard/Unesco, 1965, p. 71.)

Pélée empêche la mère de compléter son traitement. De dépit, Thétis abandonne le père et l'enfant. Celui-ci, jusqu'alors appelé Liguron, « parce qu'il n'avait jamais approché ses lèvres d'un sein » (Apollodore, *La bibliothèque,* III, 13.3), se nomme désormais Achille, c'est-à-dire « sans lèvres », en raison de ses traits mutilés par le feu. Le corps du futur héros porterait-il les marques de cette métamorphose incomplète, qui le constitue mi-homme, mi-dieu ? Son visage brûlé, son corps scarifié et façonné à la flamme lui ferait alors comme une armure, qui expliquerait la terreur qu'il inspire, même, ou surtout, dénudé. Une chose demeure certaine, ses origines complexes lui confèrent la dualité propre aux victimes expiatoires. L'invulnérabilité d'Achille constitue donc un enjeu essentiel pour une mère qui se rebelle à l'idée que sa progéniture la précède dans la tombe.

Une armure semble superflue pour un tel combattant, qui n'a nul besoin de protection, hormis au talon, seul endroit non traité au feu et à l'ambroisie. La cuirasse que porte Achille redouble étrangement cette faiblesse, puisque ce seul point faible, Pâris, guidé par Apollon, l'atteindra d'une flèche (Apollodore, Épitomé, 5.3). La question de l'étrange inutilité de cette armure prend son sens dans la mesure où elle ne sert pas à protéger Achille, mais à transférer ses qualités à ceux qui la portent après lui et qui s'anéantissent dans le désir mimétique de ce double monstrueux[16].

---

16. René Girard, *La violence et le sacré,* p. 213-248.

Amours et naissance d'un fils : la convoitise du néant ou le vrai sens de l'oracle

Le charme ambigu d'Achille opère dès le moment où, pourtant caché sous des vêtements féminins dans l'île de Skyros, sous le nom de Pyrrha[17], autrement dit « la rousse », ou plutôt « celle que le feu a roussie », il séduit la fille de son maître. L'enfant né de cette union, Pyrrhos, aussi appelé Néoptolème, joue lui aussi, et mieux que son père, un rôle essentiel dans la chute de Troie. À la mort d'Achille, on s'en souvient, les combats perdurent. La ruse d'Ulysse a beau dénouer l'impasse, ce dernier ne pourrait triompher sans l'aide de l'arc infaillible de Philoctète, un guerrier exilé qui lui voue une haine mortelle. Il revient à Néoptolème, encore jeune, d'obtenir cette arme et même de faire tomber Troie, comme le relate Sophocle, dans la tragédie *Philoctète* :

> ULYSSE (*Il s'adresse au fils d'Achille et désigne les armes de Philoctète.*) – Son arc, ses flèches sont la perte de Troie. Eux seuls.
>
> NÉOPTOLÈME – [...] Ce n'est pas moi qui l'abattrai ?
>
> ULYSSE – [...] Ni toi sans eux. Ni eux sans toi[18].

Achille remplit donc son rôle essentiel dans la victoire grecque non pas en combattant ni en tuant Hector, mais *dès le moment où il donne naissance à ce fils.* L'*Iliade* se conclut d'ailleurs en une triste

17. À ne pas confondre avec la fille du même nom d'Épiméthée et de Pandore.
18. Sophocle, *Philoctète*. *Les tragiques grecs*, p. 630.

cérémonie où Achille et le roi troyen pleurent deux morts à la fois : Patrocle et Hector. La prédiction de Calchas s'avère marquée en profondeur par une ironie tragique puisque Achille accomplit sa destinée par des voies détournées. Alors que ce « boiteux » au talon vulnérable devait dépasser en importance son père, il est plutôt supplanté par son fils.

Quoi qu'il en soit, Achille n'esquive pas l'appel des armes. Pour lui, la guerre de Troie débute dès qu'Ulysse le débusque sur l'île de Skyros et le démasque en lançant une épée parmi les femmes parmi lesquelles il s'était dissimulé. Celles-ci s'empressent de se disperser alors que le fils du roi Pélée sait reconnaître un cadeau de Grec lorsqu'on lui en offre un ! Achille se joint donc aux troupes achéennes, huit années après le rapt d'Hélène. Un tel retard s'explique, car les Grecs pillent quelques villages côtiers, peut-être par dépit. En effet, ils « se trouvèrent dans un grand embarras : ils n'avaient pas de guide capable de leur indiquer la route à suivre[19]. »

Calchas suggère aux marins désemparés un sacrifice qui calmerait la colère d'Artémis : celui de la fille d'Agamemnon et de Clytemnestre[20]. Ulysse

19. Apollodore, *op. cit.*, p. 222. Le chant I de l'*Iliade* fait d'ailleurs référence au butin accumulé dans ces raids aux dépens de villes assujetties à Troie, butin qui inclut notamment Briséis.
20. Les motifs de ce sacrifice, liés à une faute d'Agamemnon, sont étudiés dans le chapitre 4 du présent essai. Redisons que, selon Apollodore, on en serait déjà à la huitième année après le rapt d'Hélène.

en profite pour concocter un plan pour attirer Achille tout en convaincant Clytemnestre de livrer la belle Iphigénie. Euripide fait dire à celle-ci que « l'artificieux Ulysse sut me soustraire à ma mère, par la perspective de me faire épouser Achille. Je vins en Aulis, pour mon malheur[21] ». Achille se joint aux troupes achéennes sans qu'on l'informe de ce mensonge qui fonde la rivalité mimétique entre Agamemnon et lui.

Quant à ses fidèles Myrmidons, ils n'attendent que son ordre pour partir combattre. Achille s'irrite bien vite des hésitations de Ménélas et d'Agamemnon, comme le souligne à nouveau Euripide, dans une tragédie qui réifie de manière originale le mythe héroïque du Péléide, en fournissant un motif supplémentaire à la rivalité mimétique :

> J'ai quitté le sol de Pharsale, et Pélée, et je reste ici à l'affût des moindres brises de l'Euripe, à essayer de tenir mes Myrmidons qui ne cessent de me harceler en disant : « Achille, pourquoi restons-nous ? Combien de temps faudra-t-il encore tirer ici jusqu'au départ pour Ilion[22] ? Agis, si tu dois agir ! Ou bien remmène la troupe à la maison, sans rester soumis aux tergiversations des Atrides[23] ! »

Son regard s'arrête alors sur Clytemnestre. La femme du roi apparaît, belle comme une déesse, sur

21. Euripide, *Iphigénie en Tauride. Les tragiques grecs*, Paris, de Fallois, 1999, p. 1277.
22. Autre nom pour Troie d'où le titre de l'œuvre d'Homère.
23. Euripide, *Iphigénie à Aulis. Les tragiques grecs,* Paris, de Fallois, 1999, p.1678-1679.

le seuil de la tente de son époux : « Ô sainte Pudeur ! Qui peut être cette femme que je vois ? Qu'elle a de la distinction en sa prestance[24] ! » s'exclame-t-il. La scène qui suit paraît étrange, presque comique, car Achille découvre la supercherie. Ainsi, l'invitation de celle qu'il sait désormais être la femme du roi à mettre « plutôt ta main droite dans la mienne, en premier gage d'une heureuse union » est perçue telle « une mauvaise plaisanterie qu'on nous a faite à tous deux[25] ». Mais le roi réserve la plus belle de ses filles aux dieux en sacrifice pour obtenir que le vent souffle dans les voiles de ses navires. Cet épisode met en branle une mécanique qui s'enraye plus tard, lors du rapt de Briséis. Le roi de Mycènes vient de frustrer pour la première fois son jeune champion et rival mimétique, sans comprendre qu'il ouvre ainsi une brèche qui s'élargira par la suite, pour atteindre son point culminant avec l'épisode où il retire Briséis à Achille.

Passion et résurrection d'Achille

Cet épisode constitue le point de départ des journées de combat décrites dans l'*Iliade,* où se combinent les intrigues et les affrontements des humains et ceux des divinités. Les premières journées s'avèrent désastreuses pour les troupes d'Agamemnon. Sur les conseils d'Ulysse, le roi doit proposer une réparation, au chant IX, mais pas avant d'avoir constaté son impuissance face aux volontés

24. *Ibid*., p. 1680.
25. *Loc. cit.*

des dieux et à l'énergie désespérée des Troyens. Cette rançon suscite de la part d'Achille « une véritable explosion, un flot de paroles où jaillit tout ce qui est resté trop longtemps enfermé en son cœur. [...] Il ne combattra plus pour Agamemnon, ni pour les Achéens ; il va rentrer chez lui, et avec lui ses hommes et ses navires[26] ». Mais Achille ne rentre pas au pays. Son attitude expose crûment la question de son désir véritable : désormais, le médiateur qui lui imposait une autorité vacillante ne parvient plus à asseoir son autorité. D'ailleurs, au même chant, Achille réitère la prophétie capitale à son endroit :

> Ma mère, la déesse Thétis aux pieds d'argent me dit qu'un double destin m'emporte vers le terme de la mort. Si je reste ici même à me battre autour de la cité des Troyens, j'ai perdu mon retour, mais j'aurai un impérissable renom. Si je reviens au logis, dans ma patrie, j'ai perdu mon noble renom, mais j'aurai un long temps de vie et ne saurais vite atteindre le terme de la mort (*Iliade*, IX, 410-416).

On ne peut manquer de signaler la contradiction apparente qui se trouve dans ces paroles. Pour l'heure, Achille ne rentre pas au pays, mais ne combat pas

26. Bernard Knox et Simone Weil, *L'Iliade. Poème du XXIe siècle*, Paris, Arléa, 2006, p. 101. Il s'agit des vers 378 à 387 du chant IX. L'opulence, toute relative, de cette promesse de réparation se trouve ridiculisée dans la version modernisée de l'*Iliade*, par Alexis Martin, même si cette réécriture constitue dans l'ensemble une réification de l'épopée, en raison de sa fidélité à l'œuvre d'origine.

non plus. S'il décide de retourner dans sa patrie, la prophétie devient-elle caduque ? Soit le héros tient entre ses mains la clé pour faire mentir l'oracle, soit il pratique ici une forme de chantage comparable à une partie de roulette russe qu'il jouerait contre lui-même. La résolution de cette aporie passe par un constat : on arrive au moment où s'impose le choix d'une victime émissaire. Il faut sacrifier un individu à la satisfaction mutuelle des deux camps. Agamemnon, convaincu d'avoir compris les paroles de Calchas, ne peut se permettre de perdre Achille, mais doit renoncer à un combattant d'égale valeur ; Achille doit quant à lui convenir de se séparer d'une part de lui-même.

Patrocle constitue la victime idéale, à tel point qu'il propose lui-même de jouer ce rôle en se portant au combat. Or la mêlée du chant XVI de l'*Iliade* ne peut que lui être fatale : personne, ni Achille ni Agamemmnon, n'ignore que Patrocle ne peut se limiter à repousser les Troyens loin des navires, car ceux-ci auraient tôt fait de se regrouper puis de revenir à la charge, et le problème demeurerait entier. C'est pourquoi il doit aller jusqu'à abandonner, comme dans un offertoire, sa vie et les armes d'Achille à Hector. Cette mort sacrificielle joue pour un temps le rôle qu'on attend d'elle, puisque Achille conclut enfin la paix avec Agamemnon et se résout à reprendre les armes. Le caractère intrinsèquement sacré du sacrifice trouve sa confirmation au chant XXIII : les deux camps observent une trêve, le temps qu'Achille et les Achéens célèbrent un rituel (libations, crémation et jeux[27]) à la hauteur du sacrifice consenti par le jeune héros.

Achille accepte de se séparer de l'ami cher entre tous dans la mesure où Patrocle lui permet de jouer sur deux tableaux à la fois : cet avatar réalisera un exploit héroïque pressant sans que lui-même s'abaisse à obéir à l'autorité royale d'Agamemnon. Ceci dit, Patrocle constitue également un bouc émissaire idéal, du point de vue d'Agamemnon, car il possède une « tache originelle ». Encore enfant, il a tué dans un accès de colère l'un de ses compagnons de jeu. Autrement dit, le sacrifice imminent sanctionne indirectement ce crime initial. Leur commune instabilité de caractère et l'amitié qui les lie l'un à l'autre l'identifient encore mieux à Achille. Une fois Patrocle vêtu des habits du héros, la substitution sera complète. Quant à la nature des désirs d'Achille, Bernard Knox propose sans équivoque que « [c]e qu'il souhaite là, très clairement, c'est un monde qui ne contiendrait rien d'autre que lui et sa gloire ; *car il considère Patrocle, qu'il envoie au combat avec ses armes,*

---

27. Impossible de ne pas y voir une célébration semblable aux Jeux olympiques (on en situe les premières manifestations au VIIIe siècle av. J.-C., ce qui correspond à l'époque où Homère aurait vécu, encore qu'il faille noter ici que les jeux en l'honneur de Patrocle se situent, dans le temps de la fiction, cinq siècles plus tôt.) Notons aussi que ce type de jeux appartient à la catégorie plus vaste des *agôns* (concours artistiques ou sportifs) : l'étymologie nous indique la dimension rituelle, cérémonielle, associée à la mort (l'agonie est un combat contre la mort).

comme une partie de lui-même[28]. » De même, Delecroix montre que

> Patrocle, dans Homère, est un mort en sursis, déjà à demi effacé, et à jamais l'amour d'Achille pour lui sera d'essence funèbre. Revêtir les armes d'Achille, comme il le fit, *mettre le corps d'Achille sur son propre corps,* c'était se vouer à la mort. Patrocle vient de nuit dans la tente, son visage est grave et aimant, Achille pleure de le voir, mais il est transparent : c'est un songe, venu demander qu'on se mette en peine de ses funérailles[29].

Pour un temps, la vertu sacrificielle de Patrocle se dévoile en plein jour par le jeu d'un transfert : ce dernier reproduit le triangle mimétique qui emprisonne Achille dans la position d'un sujet à qui l'on refuse l'accès à son objet ; Achille, quant à lui, se substitue au médiateur (dans ce cas-ci, Agamemnon) et il envoie Patrocle au combat comme le roi de Mycènes souhaiterait pouvoir le lui ordonner. On l'a dit, par ce dédoublement, Achille se métamorphose en un avatar du Minotaure, un être mi-humain, mi-animal qui attend qu'on lui présente une victime dont il pourra se repaître.

Le monstrueux héros se doute bien du meurtre rituel qu'il s'apprête à perpétrer, en dépit de ses ultimes recommandations de prudence adressées à son compagnon. Malheureusement, détail capital, la victime ressemble trop à Achille pour que le

28. Bernard Knox, *op. cit.*, p. 107. Nous soulignons.
29. Delecroix, *op. cit.*, p. 136. Nous soulignons.

sacrifice mette un terme au cycle de la violence. L'identité de leurs corps trouve une confirmation ultime, au-delà même de l'épopée, dans la sépulture commune qu'on donne aux deux héros. Cette ambivalence identitaire se compliquera d'autant plus qu'Hector revêt à son tour l'armure d'Achille, arrachée à Patrocle après que ce dernier a rendu son dernier souffle en prédisant la mort de son adversaire.

Les dieux ne s'y trompent pas : pour que s'accomplisse le sacrifice, ils font pencher la balance du combat en faveur d'Hector. Dans sa douleur, Achille expose son corps calciné, sa nature monstrueuse au grand jour. Au chant XIX, il « quitte sa colère », et sa nouvelle armure, forgée aux enfers, lui confère des qualités christiques. Après le sacrifice de Patrocle, mort en son nom, ne vient-il pas de ressusciter du royaume des morts ? Selon Knox, « Achille commence à se libérer de la prison de son égocentrisme forcené et quasi divin[30] » au moment d'entamer la deuxième étape de son sacrifice, nouvelle et véritable descente aux enfers. Le bouclier que lui fabrique Héphaïstos, dieu des forges et des volcans (dieu souterrain, donc), annonce l'avenir, ce qui dans son cas se traduit par sa mort imminente. D'ici là, Achille, désormais transfiguré, reprendra les armes pour jouer le rôle du prêtre de la cérémonie sacrificielle qui s'accomplit quand il tue Hector. En effet, si la mort de Patrocle ne fonctionne pas pour mettre un terme à la violence collective, celle d'Hector

30. Bernard Knox, *op. cit.*, p. 116.

comble, au moins temporairement, ce que la mort de Patrocle n'avait pu résoudre. Le compagnon d'Achille devient prophète, saint Jean-Baptiste avant l'heure, par ses ultimes paroles à l'adresse d'Hector : « je vais te dire une autre chose, et toi, mets-la dans ton esprit. Toi non plus, tu ne vivras pas longtemps ; déjà se tient à tes côtés la mort avec la force du destin. Dompté tu seras par le bras de l'Éacide, par Achille sans reproche » (*Iliade*, XVI, 851-854)[31].

La manière dont le sacrifice final se réduit à une opposition lumineuse entre rivaux mimétiques confirme que cette épopée possède déjà toutes les caractéristiques de la tragédie. Comme le souligne Simone Weil, le conflit qui se joue dans l'âme d'Achille lie son destin à celui du Christ :

> L'évangile est la dernière et merveilleuse expression du génie grec, comme l'*Iliade* en est la première. [...] Les récits de la Passion montrent qu'un esprit divin, uni à la chair, est altéré par le malheur, tremble devant la souffrance et la mort, se sent, au fond de la détresse, séparé des hommes et de Dieu. Le sentiment de la misère humain leur donne cet accent de simplicité qui est la marque du génie grec, et qui fait tout le prix de la tragédie antique et de l'*Iliade*[32].

---

31. Notons l'analogie entre ces paroles et celles que prononce dans la Bible le prophète Jean-Baptiste, cousin du Christ : « Au milieu de vous se tient celui que vous ne connaissez pas ; il vient après moi et je ne suis même pas digne de dénouer la lanière de sa sandale. » (Évangile de Jean, 1, 26-27.)
32. Simone Weil, *op. cit.*, p. 153.

Voici pourquoi Achille court littéralement après son ombre, autour des murs de Troie[33]. Pourquoi, aussi, le duel entre lui et Hector ne dure qu'un instant, dont la fulgurance épiphanique dépend de l'intervention divine d'Athéna. Pourquoi aussi, geste étrange et mystérieux, il s'acharne contre le cadavre de son ennemi. Il instaure alors un rituel sacrificiel que d'autres accompliront après lui. Pourtant, il est permis de noter que la répétition *ad nauseam* de ce sacrifice confirme qu'il perd rapidement de son efficacité.

Désormais, Achille se trouve dans un état de profonde dissociation, prisonnier d'une équation binomiale, à la fois nouveau prophète d'une religion sanglante, et divinité déchue d'un culte inopérant. D'une part, il pleure son image ; de l'autre, il la déteste. En effet, cet être à la fois humain et divin joue deux rôles simultanément. Devenu son propre médiateur, il « éprouve donc pour ce modèle [lui-même] un sentiment déchirant formé par l'union de ces contraires que sont la vénération la plus soumise et la rancune la plus intense. C'est là le sentiment que nous appelons *haine*[34]. »

---

33. Dans *The Song of Achilles* (Londres, Bloomsbury, 2013, p. 324-325), Madeline Miller décrit l'affrontement entre Hector et Achille en mettant en relief leur identité : "Hector eludes him [...] He will not live if he is caught. He is wearing Achilles' own armour [...] The men stare as the two pass : *it looks, almost, as if Achilles is chasing himself.*" Nous soulignons.
34. René Girard, *La violence et le sacré*, p. 24.

Girard expose plus clairement encore cet état d'instabilité critique dans le passage suivant :

> À mesure que la crise s'intensifie, il faut le répéter, la différence qui paraît séparer les antagonistes oscille de plus en plus vite et de plus en plus fort. [...] Au lieu de voir son antagoniste et de se voir lui-même comme l'incarnation d'un seul moment de la structure, jamais le même et toujours unique, le sujet découvre, de part et d'autre, deux incarnations simultanées de tous les moments à la fois, en un effet quasi cinématographique. [...] La réalité entière est prise dans le jeu, produisant une entité hallucinatoire qui n'est pas synthèse mais mélange informe, difforme, monstrueux, d'êtres normalement séparés[35].

Pour se ménager une issue hors de cette impasse névrotique, Achille tente une double cérémonie. Simultanément, il célèbre en l'honneur de Patrocle des jeux auxquels il se contente d'assister en tant que spectateur, et il joue sans cesse une scène sauvage en traînant le corps d'Hector autour de la tombe de Patrocle. Plus rien ne permet de distinguer Achille, Patrocle et Hector, tous trois devenus une seule et même entité prisonnière de sa propre violence en la personne d'Achille. Girard a donc bien raison de souligner que le risque d'escalade de la violence dans une communauté ne provient pas de la différence, mais de l'identité trop grande entre les individus.

Sans Priam, il n'y aurait pas d'issue à cette crise. Des vers 468 à 676 du dernier chant, le vieux

35. *Ibid.*, p. 236.

roi troyen renverse la situation en se présentant devant Achille pour se livrer lui-même comme ultime victime du processus sacrificiel. Louis Bardollet souligne l'importance fondamentale de la scène :

> Mais quelle est la scène qui pose sa marque sur l'ensemble ? [...] l'entrevue de Priam et d'Achille [...]. Et il est certain qu'il y a quelque chose qui efface, un instant, la vaste épopée guerrière et la dépasse, dans cette rencontre bouleversante, au cours de laquelle Homère a voulu qu'Achille l'indomptable cessât d'être impitoyable et cruel[36].

La beauté de ce geste consiste à faire que la victime se présente comme un coupable en attente de son châtiment. Priam donne alors une magistrale leçon de compassion à Achille. D'un coup, le vieillard pardonne les deux morts et laisse Achille, désormais à moitié troyen, presque son propre descendant, filer vers son destin ambigu. Comme nous l'apprend Apollodore, Achille meurt peu après son étrange conversion. Pour preuve de cette nouvelle et sauvage manière d'envisager l'ordre du monde, il célèbre les vertus de l'Amazone Penthésilée, à qui il vient de donner la mort, en exécutant un soldat du camp grec, comme s'il cherchait à égaliser le score de la violence. Apollon abrège enfin ses jours et Achille se retrouve aux enfers, avec Médée pour

36. Louis Bardollet, *Les mythes, les dieux et l'homme. Essai sur la poésie homérique*, Paris, Les Belles Lettres, 1997, p. 148.

épouse, une femme qui s'y connaît en combustion spontanée[37]...

Conclusion partielle : Le destin des armes

Le mythe d'Achille se comprend par l'étude de ses métamorphoses. Il s'agit donc d'un héros emblématique, métonymique de la guerre de Troie elle-même, qui mourra pour récupérer la femme d'un autre. On peut le qualifier de « mauvais sujet », en termes girardiens, car il se montre vite réticent à l'idée de lier son action et son destin au projet d'un médiateur trop faible pour contenir sa puissance. Plutôt que de réaliser sa quête, surtout après la très maladroite tentative d'Agamemnon pour l'asservir à son projet, il se retire en son antre. Mal lui en prend, car il voit sa propre image profanée : Patrocle perd son armure aux mains d'Hector. Au tour de ce dernier de devenir un avatar d'Achille en la revêtant. Ainsi, le combat d'Achille contre lui-même en fait un monstre bien étrange qui tient non seulement du Minotaure, mais aussi de Narcisse, en cela qu'il ne parvient pas à se rassasier de sa propre image. Pour revenir à son acharnement sur le corps de son ennemi, ajoutons qu'il s'avère incapable d'en extirper la part de lui-même qui le fait tant souffrir. Comme le souligne André Siganos,

> [p]oint n'est même besoin ici d'un monstre « véritable » comme le Minotaure, puisque au-

37. Apollodore, *op. cit.*, p. 59-65. Cette sorcière fait entre autres périr l'amante de Jason, son premier époux, en lui offrant une robe empoisonnée, qui la brûle sur place.

> delà de lui, de sa naissance hors espèce [Achille est aussi né « hors espèce »] par un accouplement contre nature, c'est le pouvoir de la *transgression* de l'animalité qui est convoqué : cette dernière autorise la levée provisoire du voile sur notre double nature animale et humaine[38].

En bout de course, Priam parvient à l'émouvoir, car il devient son propre père dans la mesure de la gémellité qui l'unit désormais à Hector. Achille célèbre donc ses propres funérailles et compatit intimement à la douleur du Troyen. Bouc émissaire, Achille le devient d'abord par sa lutte « fratricide » avec Hector, son jumeau dans l'héroïsme, mais parce qu'il traîne aussi une faiblesse fatale : son talon. Cette malédiction, similaire au pied enflé d'Œdipe, se transmet, comme par contact. Rien d'innocent, alors, dans le fait qu'Ulysse mérite les armes d'Achille et qu'il lui revienne de trouver un terme à la violence mimétique, tant à l'extérieur de sa contrée qu'entre les murs de son propre foyer, comme il en sera question dans le prochain chapitre. Ulysse ne mettrait-il pas si longtemps à rentrer au foyer en raison de la démarche oblique des boiteux ?

Avant de quitter Achille, qu'il soit permis d'ajouter que la fascination qu'exerce ce héros monstrueux redouble peut-être bien celle que les humains entretiennent pour la guerre. Sa violence débridée, son acharnement frénétique sur le corps d'un ennemi valeureux et les carnages écœurants auxquels Achille se livre s'élucident d'eux-mêmes lorsqu'on comprend qu'il projette nos propres

---

38. André Siganos, *op. cit.*, p. 38.

conflits dans le monde des dieux. Le bouclier qu'il reçoit au chant XVIII oppose scènes de combats et quiétude de la vie quotidienne pour redire l'antithèse de l'histoire des sociétés humaines. « Ce bouclier, celui même qu'Achille brandit, alors qu'il tue Hector, est alors – peut-être à l'insu du poète – la négation, dans une sorte de cri, du trépas et du Néant où le Troyen est pourtant précipité[39]. »

---

39. Louis Bardollet, *op. cit.*, 148-149.

Chapitre 3
Ulysse, multiple de lui-même

L'entreprise qui vise à étudier le personnage d'Ulysse, « cet homme souple, *divers,* fécond en ruses et en stratagèmes[1] », s'annonce complexe. Pour débuter, disons que le statut du héros de l'*Odyssée* se définit par comparaison à celui de l'*Iliade,* comme le suggère l'entrée en matière des deux livres :

> Chante, déesse, la colère d'Achille, le Péléide, la colère maudite qui causa mille souffrances aux Achéens, chez Hadès, précipita maintes âmes vaillantes de héros et fit d'eux la proie des chiens et de tous les oiseaux, dans l'accomplissement des volontés de Zeus… Oui, prends au tout début, quand la querelle divisa le seigneur suzerain fils d'Atrée et le divin Achille (*Iliade,* 1, 1-6[2]).

1. Homère, *L'Odyssée*, I, 1 (traduction du prince Lebrun), Paris, E.J.L., coll. Librio, 2003, p. 5.
2. Les fils d'Atrée sont Agamemnon et Ménélas, roi de Sparte, l'époux d'Hélène qu'avait enlevée Pâris, événement à l'origine de la guerre de Troie. De génération en génération, les crimes les plus odieux des descendants d'Atrée ont nourri la tragédie grecque (Eschyle, Sophocle et Euripide).

> Conte-moi, Muse, l'homme des mille détours, qui tant et tant erra quand il eut saccagé la sainte cité de Troie, qui de tant d'humains vit les villes et connut les pensers[3], et sur mer tant de souffrances ressentit dans le fond de son cœur, pendant qu'il assurait sa vie et le retour de ses compagnons [...] À nous aussi, déesse, fille de Zeus, de cette histoire fais-nous quelque récit (*Odyssée,* I, 1-10, *passim.*)[4].

Achille et Ulysse paraissent pourtant aux antipodes. Le premier connaît peu de femmes, alors qu'Ulysse semble doté d'un charme inépuisable. On l'a vu, il s'avère ardu de cerner les motivations d'Achille, car cet homme se situe trop près du monde des dieux pour asservir ses désirs dans un processus de médiation interne où il jouerait le « vulgaire » rôle d'un sujet admiratif devant un roi à qui il ne concède aucune crédibilité. À l'inverse, Ulysse, un mortel, fils d'Anticlée et de Laërte, règne sur le modeste royaume d'Ithaque. Il se distingue par son intelligence et sa ruse, sa *mètis,* plus que par ses qualités guerrières. Cet homme s'engage dans des quêtes multiples, parfois en qualité de sujet, mais aussi en qualité de médiateur, voire d'objet. Bref, la souplesse d'Ulysse lui permettrait de voyager, au gré des étapes de son odyssée, entre les pointes du triangle qui définit le désir mimétique. Autrement dit, si Achille souffre

3. Archaïsme signifiant « pensée », parfois utilisé dans la traduction d'œuvres pour en suggérer l'ancienneté.
4. Des différences existent entre les diverses traductions, comme on le note ici en comparant le premier vers traduit par le prince Lebrun au début de ce chapitre à la version que propose Bardollet du même vers.

d'une carence de désir, Ulysse en subit pour sa part un excès. Pour paraphraser Girard, suggérons qu'Achille se caractérise par une quête superstitieuse de la passion, mais qu'Ulysse manifeste une vanité qui structure l'ensemble de son agir et le constitue en tant que prototype de la conscience moderne :

> L'être de passion est un être du passé, étroitement, superstitieusement religieux. L'être de vanité est l'être du présent [...] Le triomphe de la vanité coïncide avec l'affaiblissement de l'univers traditionnel. Les hommes du désir triangulaire ne croient plus mais sont incapables de se passer de transcendance[5].

Tous deux donnent naissance à un fils (plus d'un, pour Ulysse, si l'on compte ceux qui naissent dans les suites à l'*Odyssée*[6]). Par contre, si Néoptolème

---

5. René Girard, *Mensonge romantique et vérité romanesque*, p. 83.
6. En combinant les diverses versions de son histoire, on compte quatre fils à Ulysse. Le premier, Télémaque, est l'héritier légitime du roi d'Ithaque. Selon Apollodore, Circé, fille du roi Minos, donnera naissance à Télégonos, Callidicé, reine des Thesprotes, à Polypoètes, et Pénélope, après le retour de son époux, aura un autre fils, nommé Poliporthès. Homère mentionne quant à lui « le gras pays des Thesprotes », où Ulysse prétend avoir séjourné à la veille de son retour. Apollodore ajoute que Télégonos tue Ulysse et épouse Pénélope (Épitomé, 7.18 à 7.40, p. 253-258). On peut ainsi établir un parallèle entre le destin d'Ulysse et celui d'Œdipe. Cette version est reprise par Margaret Atwood dans *L'Odyssée de Pénélope*. Lycophron, poète grec du IVe siècle av. J.-C., imagine à son tour que la reine a une liaison avec le prétendant Antinoos et qu'à son arrivée au palais Ulysse la surprend au milieu d'une orgie. Les variations apocryphes ne manquent pas dans le répertoire mythologique.

et Télémaque s'emploient à honorer la mémoire paternelle, on a vu comment le premier accomplit un exploit qui dépasse les réalisations de son père, alors que le second n'exprime pas au grand jour la révolte latente que sa situation de délaissé provoque[7]. Achille trouve la mort dans des combats qui se déroulent tôt après la conclusion de l'*Iliade,* à la suite de la rencontre émouvante avec le père d'Hector ; à la fin de l'*Odyssée,* Ulysse affronte et domine les pères des prétendants qu'il a tués. Il les éliminerait bien tous, aidé de son fils et de son père, mais Athéna impose à temps une paix durable pour clore les combats. Achille se caractérise par le feu, dont il garde une empreinte profonde à même tout son corps ; Ulysse se définit par l'eau, lui qui sillonne des années durant les mers du monde connu, comme le confirme sa peau burinée par le sel. Achille meurt alors qu'il tente en vain de pénétrer dans la citadelle d'une cité étrangère ; Ulysse triomphe des usurpateurs après avoir reconquis son manoir.

Surtout, Achille et Ulysse reformulent une opposition fondatrice de la mythologie grecque, qui place dos à dos Apollon et Hermès. Comme l'écrit Pietro Citati,

> [a]vec leur inépuisable amour des antithèses et des contradictions, les Grecs opposèrent Apollon et Hermès. Apollon était le grand dieu, la figure

7. Dans *Naissance de l'Odyssée*, Jean Giono actualise cette rivalité mimétique. Son roman se conclut au moment où Télémaque affûte une arme destinée à tuer son père.

> noble et tragique, qui apparaissait au fronton des temples, au début des poèmes épiques et dans le théâtre d'Eschyle [...]. Lorsqu'il descendait parmi les hommes, il suscitait effroi et stupeur, terreur et vénération [...]. L'astuce d'Hermès fut de se faire passer pour petit : lui qui plus tard règnerait sur un pays immense et mystérieux se présenta aux dieux et aux hommes comme un démon, un esprit de l'air. Si Apollon était tragique, Hermès, lui, était comique ; si Apollon aimait la noblesse du geste, il avait, lui, une passion irrépressible pour tout ce qui était louche, obscène, trivial, ambigu ; et il nous enseigna que les gestes les plus humbles de la vie peuvent avoir la même grâce insinuante que les activités supérieures[8].

Peut-être le mythe le plus moderne qui soit, Ulysse, en vrai Don Juan, ne paie jamais ses dettes. En quelque sorte, ce digne héritier d'Hermès « emprunte » les armes d'Achille. Heureusement pour lui, il ne les utilise pas, car on sait ce qui arrive aux hommes qui osent les revêtir. Mais avant que d'être, il s'agit de naître et, pour reprendre les mots de Gilbert Durand,

> [l]a naissance du vrai héros n'est jamais simple, n'est jamais claire. Soit qu'il y ait une double paternité par adoption nourricière, comme pour Moïse sauvé des eaux, pour Jésus [...], comme pour Ulysse dont la double naissance est encore

8. Pietro Citati, *La lumière de la nuit. Les grands mythes dans l'histoire du monde*, Paris, Gallimard, coll. L'arpenteur, 1999, p. 34-35.

> renforcée par la réciprocité du destin du vieil Eumée, doublet paternel d'Ulysse[9].

Action et réactions : mariages, contrats, voyages

Comme pour celle d'Achille, l'étude du mythe d'Ulysse consiste d'abord à établir la liste des données existentielles disponibles à son sujet, puis d'en entamer l'analyse et l'interprétation à la lumière de la théorie girardienne. Dans le cas d'Ulysse, on s'étonne peu de ses agissements étranges. Il nous habitue à tout, surtout à l'improbable. Pourtant, son statut mythique lui confère une valeur étiologique. En clair, Ulysse sert à raconter une histoire qui camoufle comment les Grecs ont entrepris une guerre de conquête qui, à terme, s'avère désastreuse pour eux. À nouveau, les notions de violence mimétique et de bouc émissaire se révéleront utiles à la compréhension du mythe.

À cet égard, certaines de ses aventures laissent pensif. Ainsi Marc Lebiez s'étonne de l'arrivée discrète d'Ulysse dans son île. Il aurait facilement pu reprendre sans coup férir sa place au palais.

> Jusque-là, les événements se sont enchaînés logiquement, et voici que survient la seule invraisemblance majeure de toute l'épopée, celle

9. Gilbert Durand, *Figures mythiques et visages de l'œuvre. De la mythocritique à la mythanalyse*, Paris, Berg, coll. L'île verte, 1979, p. 179. Il est significatif qu'à son retour à Ithaque, Télémaque appelle Eumée « petit père » (*Odyssée*, XVI, 31), alors qu'à Théoclymène, qui lui demandait qui il était, il avait répondu, avant de quitter Sparte : « Je suis originaire d'Ithaque. Mon père est Ulysse… si jamais il le fut ! » (*Odyssée*, XV, 267-268.)

> qui, d'un point de vue de technique romanesque, justifie toute la deuxième moitié du livre mais dont l'arbitraire apparent éclaire sur le sens général de l'œuvre : au lieu que le navire des Phéaciens pénètre dans le port d'Ithaque et y fasse rentrer son hôte couvert de richesses, il le dépose nuitamment dans une anse écartée. Si l'intention du poète avait été de centrer son œuvre sur les voyages d'Ulysse, il disposait là d'une fin simple et logique[10].

Comment comprendre le sens de l'épreuve de l'arc et des douze haches ? Ulysse, vingt ans après son départ, possède-t-il encore l'énorme force requise à son accomplissement ? Alors pourquoi faut-il tant de tergiversations avant de la révéler ? Enfin, pourquoi le chant XXIV représente-t-il la descente des prétendants aux enfers, alors que leur corps n'a pas encore connu la sépulture ? Nous aborderons ces questions dans le cadre de la présente analyse, mais réservons pour le prochain chapitre l'étude des quatre premiers chants. Ceux-ci, qui racontent l'enquête de Télémaque et Mentor, forcent à reconsidérer à rebours le rôle de deux personnages majeurs de l'*Iliade,* soit Hélène et Agamemnon.

Il reste difficile de savoir à quel moment on peut croire Ulysse. Ce héros à « la pensée chatoyante[11] » paraît hostile à la simple idée d'exposer clairement ses intentions ou de divulguer son identité. Dans l'un des épisodes les plus célèbres de l'*Odyssée,* il répond au cyclope Polyphème, qui s'enquiert de son

10. Marc Lebiez, *Décadence : Homère. Décadence et modernité*, L'Harmattan, 2003, p. 111.
11. Pietro Citati, *La pensée chatoyante. Ulysse et l'Odyssée*, Paris, Gallimard, coll. L'arpenteur, 2004, 394 p.

identité : « Personne est mon nom. Mon père, ma mère, tous mes compagnons aussi m'appellent Personne » (*Odyssée,* IX, 366-367). Après son retour dans son domaine, il continue à camoufler son identité devant ses proches, et même devant Athéna, sa déesse tutélaire[12], après avoir tout embrouillé à coups de propositions qui engagent l'avenir de nations entières. N'oublions pas qu'il précipite la guerre de Troie par un traité mal avisé[13], mais en provoque la conclusion par l'ingénieux stratagème du cheval. Il change à de nombreuses reprises le cours des événements par la seule puissance de son verbe, une arme en fin de compte bien plus dangereuse que celles d'Achille, à tel point qu'on peut voir en « Ulysse, le maître de l'affabulation d'un bout à l'autre de l'*Odyssée*[14] ». Bardollet va même plus loin. Pour lui, Ulysse constitue la figure même de l'auteur :

> Or Ulysse, c'est Homère, et je ne puis croire qu'il soit exagéré de rapprocher la faconde prêtée à celui-là de cette faculté infiniment plus haute et,

---

12. Athéna s'en amuse, elle « qui possède la science des splendides ouvrages » : « Homme obstiné, homme aux desseins subtils, insatiable de ruses, il était dit que, même dans ton pays, tu ne finirais pas tes tromperies, avec ces histoires de filou que foncièrement tu aimes ! » (*Odyssée*, XIII, 293-295.)
13. Comme on le verra plus loin, Ulysse propose à Tyndare d'exiger de tous les prétendants de sa fille Hélène qu'ils s'unissent pour combattre quiconque chercherait à l'enlever à celui qui obtiendra sa main. C'est pourquoi les Grecs formèrent une armée pour combattre les Troyens, après que Pâris eut enlevé Hélène à Ménélas.
14. Louis Bardollet, *op. cit.*, p. 58.

pour tout dire, géniale, de celui-ci, qui crée, dieux compris, l'ensemble de l'*Iliade* et de l'*Odyssée*[15].

Ceci dit, ses projets les plus brillants confinent tous à la catastrophe. Ses marins ne diraient pas autrement, eux qui périront les uns après les autres en cours de route vers Ithaque. Bref, Ulysse y rentre en tant que général sans armée, pour une lutte qui prélève, une nouvelle fois, un lourd tribut de jeunes vies humaines, et parfois pour des motifs futiles. Selon Thierry Hentsch,

> [s]oudain, Ulysse n'est plus qu'un aventurier sans scrupules qui, sur un coup de tête, a tout sacrifié, sa femme, ses compagnons, le repos et la jeunesse de son pays pour satisfaire de vaines ambitions. Maints épisodes prennent à la lumière de ce retournement une allure moins reluisante. Le lecteur se souvient qu'à plusieurs reprises les compagnons d'Ulysse ont durement pâti de son imprudence. Par exemple chez Polyphème : non seulement sa curiosité (aller voir à quoi ressemble un Cyclope) coûte la vie à une partie de l'équipe qui l'accompagne, mais il assaisonne sa fuite d'une fanfaronnade lourde de conséquences[16].

---

15. *Loc. cit.* Borges a aussi été séduit par cette équation. Sa nouvelle « L'Immortel » se termine par ces mots du narrateur : « J'ai été Homère ; bientôt, je serai Personne, comme Ulysse ; bientôt, je serai tout le monde : je serai mort. » (Jorge Luis Borges, *L'Aleph*, Paris, Gallimard, coll. L'Imaginaire, n°13, 1967, p. 36.)
16. Thierry Hentsch, *Raconter et mourir. Aux sources narratives de l'imaginaire occidental*, nouvelle édition, Montréal, Les Presses de l'Université de Montréal, 2005, p. 56.

L'*Odyssée* se conclut certes par son retour triomphal, mais Ulysse règne sur un pays aussi dévasté que la plaine de Troie, en bonne partie par sa propre faute. Si de chacune des quêtes d'Ulysse découlent des conséquences mortelles, peut-on voir en lui le principal vecteur de peste de ces épopées, une maladie à terme bien plus dangereuse que celle que transmet Achille ? Si tel est le cas, cette maladie, l'aurait-il contractée à Troie ?

Ulysse à Troie

Comme celle d'Achille, l'histoire d'Ulysse se découpe en fragments symétriques. Le premier projet que formule le héros vise à assurer la paix entre les rois des cités grecques. Les nombreux soupirants d'Hélène (au nombre desquels il figure), comme des décennies plus tard ceux qui prétendent à la main de Pénélope, menacent l'équilibre du pouvoir après que Ménélas a obtenu la main de la fille de Léda et de Zeus[17]. En matière de rivalité mimétique, Ménélas occupe d'office le rôle de médiateur interne. L'instabilité de cette position incite Ulysse à proposer une entente de non-agression aux prétendants déçus ; quiconque rompt le pacte s'expose à des représailles des

17. Selon la version la plus connue du mythe, Léda, femme du roi Tyndare, s'unit à Zeus, qui a pris l'apparence d'un cygne. De cette union naît Hélène. Selon une autre version, Hélène descend de Zeus et de la déesse Némésis, mais est élevée par Léda, aussi mère de Clytemnestre. Cette dernière deviendra la compagne d'Agamemnon. Lui et son frère Ménélas épousent donc des demi-sœurs.

autres sujets. Libre alors à chacun de s'attacher une autre compagne. Bref, son projet vise à créer des conditions artificielles pour rehausser le statut de Ménélas, promu médiateur externe, en vertu des termes de ce contrat. Pour sa part, le roi d'Ithaque transpose son désir sur un autre objet, censément équivalent à celui qu'exhibe Ménélas : Pénélope, qui vient de Sparte, ville réputée être celle des femmes vertueuses. Si Hélène, la plus belle femme de l'Antiquité, suit Pâris à Troie, Pénélope, un modèle de vertu et d'amour fidèle, quitte la maison de son père, Spartiate important, pour suivre Ulysse en Ithaque, petite île excentrée[18].

Nul besoin de victime émissaire dans ce schéma. En cas de transgression, l'éventuel coupable ne serait pas sanctionné par la victime, mais bien par l'ensemble de la communauté. Selon Girard, un tel système rend caduque la structure religieuse elle-même. Justement, la réplique des dieux ne se fait pas attendre. Peut-être Ulysse n'envisage-t-il pas que la menace provienne du médiateur suprême (Zeus, le père d'Hélène), comme si les hommes ne parvenaient pas encore à se passer de lui et du poids de son mystère, incapables de distinguer les pouvoirs de l'État de ceux des dieux. L'enlèvement d'Hélène s'opère, « au dire de certains selon le dessein de Zeus, parce qu'il voulait que sa fille devienne célèbre en provoquant une guerre entre l'Asie et l'Europe ; ou, comme

18. Dans *L'Odyssée de Pénélope*, version où elle déconstruit radicalement l'épopée d'origine, Margaret Atwood fait de Pénélope et Hélène des cousines.

d'autres le prétendent, parce qu'il voulait exalter la race des demi-dieux[19]. »

Le système de réciprocité légale qu'Ulysse tente d'instaurer échoue en raison de la faiblesse relative du médiateur, impuissant à contenir les ardeurs de Pâris, mais aussi et surtout les desseins des dieux. Ceci explique pourquoi bien des années plus tard, dans le cas des prétendants de Pénélope, Ulysse frappe le plus fort possible. Du moment que, dans la seconde moitié de l'*Odyssée,* sa position équivaut à celle de Ménélas, il paraît bien mesurer la précarité de sa situation. S'il se déguise et prend des précautions méthodiques, c'est pour se révéler d'un coup dans sa gloire et sévir avec la vigueur et la célérité d'un dieu vengeur.

Ulysse semble posséder aussi le don étonnant de franchir les murs de Troie, avant d'en provoquer la chute définitive. Comme, après la mort d'Hector, la ville demeurait inexpugnable, il « se défigura, se couvrit d'un vêtement misérable, puis entra incognito dans la ville déguisé en mendiant. Il fut cependant reconnu par Hélène, qui l'aida à voler le palladion[20] », statue de Pallas Athéna en armes. Cet objet sacré constitue un enjeu de taille, car Ulysse sait que la ville ne peut tomber tant qu'il ne passe pas aux mains de l'ennemi. Le parallèle qui se dessine ici entre ce vol et l'épreuve de l'arc (*Odyssée,* chant XXI), arme rituelle, suggère que le héros calque sa seconde entreprise de

19. Apollodore, *op. cit.*, p. 217.
20. *Ibid.*, p. 234. Hélène fait allusion à cet événement dans l'*Odyssée* (IV, 244-251).

conquête sur la première. S'il parvient à vaincre les prétendants, il le doit au concours de Pénélope, qui a proposé l'épreuve, telle Hélène qui a livré la statue.

Impossible d'omettre le cheval de Troie, stratagème qui immortalise le génie d'Ulysse. Cet exploit, Homère ne le mentionne que par le biais d'Hélène, dans l'*Odyssée,* au chant IV, et dans le récit de l'aède Démodocos, au chant VIII. Au dire d'Apollodore, la ruse du cheval de Troie permet à cinquante[21] soldats d'élite de pénétrer dans la ville. Comme si elle comprenait que ce présent lui était destiné, « Hélène, quant à elle, s'approcha du cheval et, imitant la voix de la femme de chacun des soldats d'élite, essaya de les appeler[22] ». Comment Hélène pouvait-elle connaître ce que recelaient les flancs de l'animal, ainsi que l'identité des guerriers cachés dans l'animal de bois ? Seul Ulysse, lors de sa visite clandestine, se trouvait en mesure de lui révéler de telles informations, ce qu'on peut déduire quand Hélène avoue à Télémaque : « je lui jurai le maître serment que je ne révélerais pas la présence d'Ulysse au milieu des Troyens avant, non, pas avant qu'il ne fût parvenu aux nefs rapides et aux pavillons. Ce fut alors qu'il me dit tout au long chacune des intentions des Achéens » (*Odyssée,* IV, 253-256).

21. Apollodore note que, selon *La petite Iliade*, poème épique que Leschès de Pyrrha aurait écrite quelques décennies après le texte homérique, il y aurait eu trois mille soldats dans ce cheval. On imagine mal les dimensions de l'animal de bois qui pourrait les contenir. Le souffle épique ne s'embarrasse pas d'exactitude arithmétique…
22. Apollodore, *op.cit.*, p. 235. Voir *Odyssée*, IV, 277-289.

Pourquoi prendre un tel risque ? Cassandre, à qui Apollon a eu la cruauté d'octroyer le pouvoir de divination et d'y associer la malédiction de n'être jamais crue, même de sa famille, exhorte en vain les Troyens à détruire le cheval maléfique. Elle est impuissante à agir pour protéger Troie, alors qu'Hélène tient le destin du commando entre ses mains. Sa promesse à Ulysse stipule d'ailleurs qu'elle se réserve le droit de tout dévoiler, après le départ de son visiteur. Bref, elle n'engage pas sa parole pour plus loin que le moment présent. De fait, nonobstant la valeur poétique de ce passage, on doit s'étonner, comme Pietro Citati, de la confondante naïveté des soldats grecs, qui ne s'étonnent pas de la présence de leurs femmes aux abords de Troie !

Faisons un pas de plus : si l'on peut comprendre ces hommes virils de s'être joints à l'expédition vengeresse (ils ont dû rêver de gloire et de butin), pour quel motif restent-ils dix ans bloqués devant Troie à défendre la cause de Ménélas ? Ce motif, c'est Hélène. Cette femme, devenue l'incarnation de l'infidélité, constitue depuis le début l'objet sur lequel les soldats modèlent leur désir. Le recours à la lentille mimétique donne un sens au chant d'Hélène : chaque inflexion de sa voix constitue un mythème auquel s'accrochent un à un les soldats pour recomposer le souvenir du visage aimé, abandonné derrière soi. Puisque Ulysse apprend aux Grecs à remodeler leur désir initial en les incitant à souscrire à un pacte d'inhibition collective, pas étonnant que ces hommes depuis si longtemps privés d'amour retrouvent leur désir intact à l'écoute du chant de cette femme idéale, matrice de leurs fantasmes. Ajoutons que les soupçons qu'ils entretiennent, peut-être malgré eux, quant à la fidélité de l'épouse légitime restée au foyer peuvent renforcer ces fantasmes.

D'ailleurs, la trop belle Hélène demeure-t-elle, oui ou non, attachée à Ménélas ? Ne couche-t-elle avec Pâris que sous la contrainte ? Pietro Citati observe à ce sujet :

> Souterraine comme toute vérité profonde, mais formulée avec précision, une question hante continuellement l'esprit d'Homère et de ses personnages. Hélène, la femme choisie par le destin, est-elle innocente ou coupable ? Comme tous ceux qui croient aux dieux et au destin, Homère répond de deux façons à cette question [...] Comme toute créature choisie par le destin, Hélène possède cette double conscience. Elle n'invoque ni excuses ni justifications[23] pour ce qu'elle a commis, bien qu'elle sache qu'elle n'a pas été maîtresse de son existence. [...] Cette double intuition d'être à la fois innocente et coupable forme ce que nous appelons la conscience tragique. Aucun héros d'Homère ne possède cette conscience avec autant d'intensité[24].

---

23. La seule allusion d'Hélène à son départ avec Pâris tient en ces mots : « Mon cœur désormais était changé et je pensais à revenir chez nous. Je gémissais sur mon égarement, [...] un don qu'Aphrodite me fit, lorsqu'elle m'emmena là-bas, loin de ma patrie, et que j'abandonnai mon enfant, ma chambre, mon époux dont l'esprit et la beauté ne le cèdent à personne. » (*Odyssée,* IV, 259-265.) Philippe Jaccottet traduit plutôt par « la folie qu'Aphrodite me fit faire en m'entraînant si loin de ma patrie... »
24. Pietro Citati, *La pensée chatoyante. Ulysse et l'Odyssée,* p. 137-138.

Ulysse cherche-t-il à transformer le programme narratif de l'une des plus célèbres femmes-objets de l'histoire de la littérature pour qu'elle effectue un saut quantique d'un triangle mimétique à un autre ? Ce fin psychologue, expert d'une discipline qui n'existe pas encore, envisage-t-il de devoir répéter la même expérience à son retour, avec sa propre femme ? Cette procédure s'avérera inutile, du moins le croit-il, dans le cas de Pénélope, trop bien rompue aux merveilles de l'ironie pour qu'on la pousse à agir contre son gré.

Il existe encore une dernière hypothèse, que développe Euripide dans son *Hélène* :

> Héra, aigrie de n'avoir pas remporté la palme sur l'autre déesse, fit qu'en croyant me prendre, Pâris n'embrassa que du vent : en mes lieu et place, elle lui livra un fantôme, fait à ma ressemblance d'une vapeur du ciel qu'elle avait modelée et animée. Et le fils du roi Priam s'imagine qu'il me tient – imagination, oui, illusion : il ne me tient pas ! [...] Et l'enjeu qu'il fut proposé à la pugnacité troyenne de sauver, aux armes des Grecs de reconquérir, ce n'est pas moi : ce n'est que mon nom[25] !

Comment intégrer cette nouvelle donnée dans les manigances d'Ulysse ? Cette femme qui imite si bien les voix des épouses de ses compagnons jouit d'une double nature, certes, fille d'une mortelle et d'un dieu. Mais préfigure-t-elle les déesses, voire les monstres, qu'Ulysse rencontre sur le chemin du retour ?

---

25. Euripide, *Hélène. Les tragiques grecs*, Paris, de Fallois, 1999, p. 1399-1400.

On peut entendre dans ce passage à haute teneur fantasmatique un écho anticipé[26] du chant des sirènes qui remue si profondément Ulysse. D'ailleurs, ce dernier retire comme enseignement de son séjour dans les entrailles du cheval de bois, après avoir bâillonné Anticlos, qu'il ne faut sous aucun prétexte permettre à ses marins d'entendre ce que ses soldats écoutent si avidement aux portes de Troie. Le cheval de bois préfigure vraiment une embarcation conçue pour les plus folles équipées. Au fond, peu de choses séparent la fuite de la grotte de Polyphème agrippé à la toison d'un mouton et l'entrée subreptice dans la ville de Priam accroché aux parois d'un animal de bois. Bref, Ulysse fait le pari en apparence insensé, mais que seul un moderne avant l'heure en son genre sait tenir, de supposer que l'incroyance des Troyens triomphera de leur religiosité. Le vote tenu devant la porte Scée pour savoir si l'on doit ou non introduire le cheval au sein de la ville signale dans ce cas que la démocratie ne constitue pas, et de très loin, la meilleure solution.

L'ouverture d'une brèche qui provoque la chute de la ville ennemie procure à Ulysse une renommée dont Achille bénéficie par sa naissance. L'exploit d'Ulysse mérite bien, entre autres récompenses, les armes d'Achille, ce que le pauvre Ajax semble seul à ne pas saisir, lui qui se croit capable de défier

26. Le relais des mythes, d'un écrivain à l'autre, permet de fascinants effets circulaires : au plan de l'histoire, le séjour d'Hélène à Troie (*Iliade*) précède l'épisode des sirènes vécu par Ulysse (*Odyssée*) ; au plan de l'écriture, Euripide apporte sa touche à une intrigue qu'Homère a traitée quelques siècles avant lui.

ce héros en train d'accéder au statut de médiateur. Dans la tragédie éponyme de Sophocle, cette erreur de jugement vaut la folie, puis coûte la vie au guerrier grec. Agamemnon et Ménélas jouent ici le rôle d'arbitres, mais ne parviennent pas à calmer les revendications d'Ajax, preuve que les rivalités mimétiques qui couvent menacent d'éclore, une fois l'ennemi commun éliminé. Ulysse, inquiet d'une vengeance possible, invoque Athéna. La déesse égare le jugement d'Ajax, qui forme alors un projet d'une violence délirante. Croyant s'attaquer à ses compagnons, il massacre un troupeau d'animaux qui deviennent autant de boucs émissaires[27]. Cette rage insatiable l'assimile symboliquement à Achille s'acharnant sur le cadavre d'Hector.

Ajax commet donc la faute de contester le pouvoir de médiation indubitable qui caractérise désormais son rival. Ulysse se révèle plus apte que Ménélas ou Agamemnon à solliciter les dieux pour valider ses prétentions au pouvoir. Le petit roi d'Ithaque, celui-là même qui ébauche un système pénal primitif pour prévenir le rapt d'Hélène, se transforme en démagogue endurci. Ceci explique le suicide d'Ajax, un guerrier néantisé pour avoir voulu côtoyer de trop près un rival de plus en plus contagieux. Car il faut reconnaître qu'en gagnant en prestige et en pouvoir, Ulysse constitue un danger presque insoutenable pour ceux qui se frottent à lui. Parlez-en à ses marins, au Cyclope ou aux prétendants ! Les femmes qui jalonneront son trajet de retour vers Ithaque sauront, seules, lui tenir tête. Ulysse, un héros souillé par

27. Voir Sophocle, *Ajax. Les tragiques grecs,* Paris, de Fallois, 1999, p. 369-403

la violence et les conflits mimétiques, récupère alors lentement son humanité, au fil de rencontres féminines. De Circé à Nausicaa, en passant par Calypso[28], Ulysse subit une véritable cure de jouvence. Il plonge d'abord dans les profondeurs du temps archaïque, pour renaître, littéralement remis à flot. Ce faisant, il occupe successivement les trois positions d'une série de triangles mimétiques qui caractérisent sa complexité.

La route d'Ithaque : les femmes d'Ulysse

Avant de retrouver le chemin de sa terre natale, le premier des héros romanesques[29], tenté par l'éternel retour, passe par des chemins tortueux, à travers l'espace, mais aussi à travers divers niveaux de conscience. Les épreuves qui le mènent du pays des Cicones à celui des Lotophages, puis chez les Cyclopes, Éole, Circé, Hadès, Charybde et Scylla confirment que « [l]'*Odyssée* contient en elle plusieurs temps différents : le temps des monstres, celui de l'âge d'or, celui des Phéaciens, le temps héroïque, le temps d'Ulysse[30]. » La transfiguration est complète : Ulysse a le regard éteint, la peau flétrie, lorsqu'il met le pied en Ithaque, et il faudra l'intervention de la déesse Athéna pour qu'il

28. Au strict plan de l'intrigue, de tous les obstacles qui empêchent son retour dans sa famille et sa patrie, la femme est le plus déterminant : en refusant la jeune vierge, la *korè* Nausicaa, que lui offre son père, le roi Alcinoos, Ulysse confirme le choix fait devant Calypso. Ces femmes jouent toutes deux des rôles comparables.
29. Opinion défendue, entre autres, par Citati.
30. Pietro Citati, *La pensée chatoyante*, p. 173.

retrouve son apparence coutumière. Et même là, Pénélope n'est pas certaine de le reconnaître[31].

Le processus le rattache au zombie, mort-vivant, être « sorti de la tombe[32] », lancé dans un voyage, une sorte d'épopée où les vivants et les morts se côtoient, par l'entremise de la consommation d'une drogue. Or, après un arrêt chez les Lotophages, qui offrent aux émissaires envoyés à leur rencontre le lôtos, la plante de l'oubli[33], Ulysse fait la rencontre de la sorcière Circé, maîtresse en philtres, qui lui conseille de descendre au royaume des morts consulter le devin Tirésias quant au chemin à suivre pour rentrer dans sa patrie (*Odyssée,* X, 504-540).

Ulysse a pour stratégie principale, on l'a vu, de ne pas révéler son identité, pas même à Alcinoos qui l'accueille avec tant d'égards, au début du chant VIII. Après le récit de ses exploits par l'aède Démodocos, alors qu'il passe toujours pour un malheureux voyageur anonyme désireux de rentrer dans sa

31. Encore qu'on puisse voir dans la scène de reconnaissance (*Odyssée*, XXIII, 153-240), lors de laquelle elle semble lui opposer un « cœur inflexible » (vers 167) avant de l'embrasser, l'ultime démonstration de sa propre *mètis*. Ulysse éprouverait un moment à ses dépens sa stratégie de la falsification d'identité.
32. Ce mot créole signifie en effet « sorti de la tombe » (Jean-Louis Bernard, *Dictionnaire de l'insolite et du fantastique*, Montréal, Mirabel, 1973, p. 349-350).
33. Les compagnons qui en ont consommé présentent un air égaré (*Odyssée*, IX, 94-99) associable à celui des envoûtés des rites du vaudou. Dans le même registre étymologique, on retrouve le fleuve Léthé (*léthê* = oubli) dont les âmes des morts buvaient les eaux pour oublier leur vie antérieure avant leur réincarnation, leur retour sur terre. Baudelaire en a tiré le célèbre poème éponyme (voir *Les fleurs du mal*).

patrie, il laisse enfin tomber le masque et se livre au récit de ses aventures[34]. Après la rapide relation des épisodes chez les Cicones et les Lotophages, le héros raconte comment il arrive « au pays des orgueilleux Cyclopes ». À l'un de ces géants « sans usages » (*Odyssée,* IX, 106-107), qui méprise les « mangeurs de pain » (*Odyssée,* IX, 191), c'est-à-dire les humains, qui cultivent la terre et se nourrissent de ses fruits, il donne une leçon de civilisation. Polyphème, qui ne voit que d'un œil placé au milieu du front, découvre le vin et en attribue les effets à des sorts jetés par Dionysos lui-même. Ulysse sauve donc sa vie et celle de ses marins en démontrant à leur geôlier que la pratique de la religion peut devenir une affaire personnelle, quand on sait à quel dieu se vouer. Euripide développe ce thème dans son *Cyclope* :

> LE CYCLOPE – Pom pom pom pom pom ! Je suis plein de vin ! Ce festin corsé m'a ragaillardi ! Voyez, je pavoise ! Ma panse est bourrée autant que la coque d'un bateau chargé jusqu'à ras bord ! Agréable lest ! Saison printanière ! [...]
>
> ULYSSE – Écoute, Cyclope : je le connais dans les coins, moi, celui que je t'ai donné à boire : il s'appelle Vin-Dieu !
>
> LE CYCLOPE – Vin-Dieu ? C'est un dieu reconnu ? De quel genre ?

---

34. Soulignons au passage la magnifique complexité narrative de l'*Odyssée* : les récits s'entrecroisent, assurés parfois par la voix narrative externe, un moment par Démodocos et, dans les chants IX à XII, donnés par Ulysse lui-même à Alcinoos et à ses sujets phéaciens. Ce segment clôt significativement l'errance de celui qui semblait condamné à être un naufragé perpétuel : Alcinoos fait préparer un navire bien gréé qui déposera Ulysse sur le rivage d'Ithaque.

ULYSSE – Le plus grand de tous pour rendre joyeuse la vie des hommes.

LE CYCLOPE – En tout cas, je le rote avec délectation.

ULYSSE – Il est comme ça : ce n'est pas lui qui ferait du mal aux gens !

LE CYCLOPE – Un dieu dans une outre ? Pas possible ? Ça lui plaît, ce logis-là ?

ULYSSE – On peut le mettre n'importe où, il s'y trouve à l'aise[35].

Ulysse invente le dieu portatif, sorte de boussole à l'envers, outil indispensable aux voyageurs qui doivent tromper un ennemi. Cette autre ruse géniale du héros se fonde sur le nom qu'il s'attribue, « Personne », c'est-à-dire qu'il devient n'importe qui. Cette indifférenciation correspond à la peste anonyme, à la violence qui s'abat d'autant mieux sur son rival[36] que celui-ci s'avère incapable d'exercer sa vengeance, faute d'opposant identifiable. Du moins est-ce vrai jusqu'à ce qu'Ulysse commette une bévue qui découle bien du défaut « moderne » qui l'affecte : la vanité. Le trait est particulièrement visible à ce stade du récit. Dans le même chant, le héros se dévoile deux fois après avoir tant caché son identité :

> Si quelqu'un des mortels te pose des questions, Cyclope, sur le sort indigne qui fut fait à ton œil et te rendit aveugle, dis-lui que c'est Ulysse, saccageur de cités, qui t'a aveuglé, le fils de Laërte, ayant son logis en Ithaque ! (*Odyssée,* IX, 502-505.)

35. Euripide, *Le Cyclope*. *Les tragiques grecs,* Paris, de Fallois, 1999, p. 1769-1770.
36. Ulysse et ses compagnons, profitant de l'ivresse de Polyphème, enfoncent un pieu dans son œil unique.

Polyphème charge Poséidon, son père, de la vengeance, « et le dieu aux sombres cheveux bleus l'entendit » (*Odyssée,* IX, 536). Le dieu de la mer devient donc le nouveau médiateur dont Ulysse subit le courroux[37]. Pour lui échapper, devine-t-il que la solution consiste à renoncer, au moins pour un temps, à son rôle de sujet et à ses prétentions au statut de médiateur ? Peu importe, car Ulysse y parvient bel et bien, et deux fois plutôt qu'une. Son séjour sur l'île d'Aiaié lui permet de se camoufler sous des airs de jouet érotique, entre les bras de Circé, digne héritière d'Ishtar, « la grande déesse babylonienne, le démon érotique, la reine des prostituées, possédée d'une fureur vengeresse envers les hommes qu'elle aime et transforme en animaux[38]. » Le rôle que jouent Circé et ses suivantes, toutes femmes aux charmes surnaturels, modifie de façon radicale la structure mimétique de l'épopée.

Dans ce cas, le travail d'Ulysse consiste à éviter qu'on le transforme en porc. Dit autrement, un désir indifférencié le perdrait dans le groupe de ses marins, tous sujets d'une médiation externe, celle de déesses qui suscitent un désir qu'elles n'ont nulle intention d'assouvir. Il y parvient, à l'aide d'un antidote fourni par Hermès : la « racine moly ». Circé se soumet à lui dans la mesure où elle le « reconnaît » ; la réputation d'Ulysse le précède :

> Elle me confectionna, dans un hanap d'or, la bouillie que je devais boire. Elle y jeta une drogue,

37. De fait, rien ne permet d'étouffer cette colère, comme si se trouvait ici un écho à la vengeance qu'exerce Achille sur le corps de Patrocle.
38. Pietro Citati, *La pensée chatoyante*, p. 227.

> avec dans le cœur des pensers de malheur. Elle me la donna ; je bus d'un trait, mais sans subir le charme. Alors elle me frappa de sa baguette et dit en détachant les mots : « Va donc dans la porcherie et couche-toi avec les autres, tes compagnons ! »
>
> Elle dit, et moi, tirant mon épée pointue au long de ma cuisse, je m'élançai sur Circé, comme animé du désir de la tuer. Elle poussa un grand cri, passa vivement sous l'épée, prit mes genoux et, en gémissant, elle m'adressa des mots empennés :
>
> « Qui es-tu parmi les hommes et d'où es-tu ? [...] Es-tu Ulysse aux mille détours qui, comme le dieu fulgurant à la baguette d'or n'a cessé de me le déclarer, viendra, à son retour de Troie, avec son noir navire rapide ? » (*Odyssée,* X, 316-331.)

En s'attaquant directement à la médiatrice, Ulysse ne s'y substitue pas, malgré ses menaces, mais cesse d'être un sujet soumis à un désir vague et fangeux. Il devient plutôt un objet de désir pour elle, peut-être parce que Circé sait que le roi d'Ithaque constitue un objet grandi par l'aura d'Hermès, divinité supérieure à elle, puisqu'il est un des Olympiens, et maître des mystères. Le nom d'Ulysse lui sert à nouveau à établir son autorité et il se prête aux désirs amoureux de la déesse uniquement après qu'une entente est conclue entre eux. Il se comporte donc tout à fait comme un bouc émissaire ; le sacrifice qu'il consent une année durant suffit à calmer la violence collective. De fait, il accède à un nouvel état de (relative) inertie qui le purifie graduellement, en lui conférant un détachement qu'on pourrait dire presque existentialiste, suffisant en tout cas pour qu'il se risque à défier la mort.

La visite aux enfers réoriente Ulysse et ses marins, dont quelques-uns, on le sait, préféreraient demeurer hors du temps, sur l'île de Circé, bloqués dans un statut qui les préserve de tout danger, comme le croit « un certain Elpénor, tout jeune homme point trop vaillant dans les combats et peu ferme d'esprit », qui se brise malgré tout le cou en tombant dans un escalier, le corps « alourdi par le vin » (*Odyssée,* X, 552-556, *passim*). Ulysse réintègre ainsi son statut initial. Il assure son autorité auprès de ses hommes en se situant toujours en médiateur interne entre eux et les divinités qui lui confient leurs secrets et lui confèrent une part de leur pouvoir. Ce pouvoir, Ulysse l'utilise pour défier en même temps le destin et la vénalité de ses hommes, un peu comme si son passage chez Circé lui apprenait la technique pour fondre leurs désirs en un tout indistinct qui les rendrait plus malléables. Comme Girard le souligne, le péril provient non pas des différences entre médiateur et sujet, mais de leur identité.

La perspective du mimétisme permet aussi de comprendre l'épisode des sirènes : les marins voient Ulysse entendre un chant surnaturel qui le magnifie sous leurs yeux. Certes, un tel tyran ne se trouve pas à l'abri de la sédition populaire, les conséquences du séjour chez Éole le confirment[39].

39. Les marins soupçonnent leur commandant de dissimuler du butin dans des outres, qui contiennent en fait les vents d'Éole. Profitant du sommeil d'Ulysse, à l'approche

Si d'aventure certains de ses hommes périssent, Ulysse glorifie leur souvenir sans qu'on soupçonne qu'il s'agit à chaque fois d'un sacrifice rituel qui stabilise la communauté des marins. Du moins ce qu'il en reste, car on touche bien là au problème structurel de l'entreprise d'Ulysse : il finira par être à court de kamikazes, les derniers périssant aux mains de Charybde et Scylla.

Proposer une classification des épreuves que subit Ulysse et des monstres qu'il rencontre serait vain, du moins aux yeux de Girard. En effet, « ils paraissent tous différents mais en fin de compte ils se ressemblent tous ; il n'y a pas de différence stable pour les séparer les uns des autres[40]. » Tous ces monstres jouent un rôle similaire en cela qu'ils réactualisent la structure mimétique qui organise de bout en bout l'épopée d'Ulysse. En fin de compte, ses épreuves lui apprennent-elles la résignation ? Rien n'est moins sûr. En tout cas, ce héros hermétique accepte apparemment la « normalité » de sa souffrance, pour reprendre une expression de Mircea Eliade, tandis qu'il s'enlise dans les sables mouvants de l'éternel retour. Cette solution, dont Eliade fait l'apanage de l'homme archaïque, indique une régression temporaire

---

d'Ithaque, ils ouvrent les sacs. Libérés, les vents s'abattent en tempête sur les navires. C'est le point le plus près de leur patrie qu'atteindront les Ithaquiens, à l'exception d'Ulysse. À l'opposé de Moïse qui, dans l'*Exode* (deuxième livre de l'Ancien Testament), meurt avant que ses compatriotes entrent dans la Terre promise, Ulysse rentrera en Ithaque sans ses hommes.

40. René Girard, *La violence et le sacré*, p. 236.

d'Ulysse. Celui-ci, désormais seul survivant de son naufrage, « tente de s'opposer, par tous les moyens en son pouvoir, à l'*histoire,* regardée comme une suite d'événements irréversibles, imprévisibles et de valeur autonome. Il refuse de l'accepter et de la valoriser comme telle[41] ».

Calypso lui propose alors une solution tentante : qu'elle et lui deviennent simultanément sujet et objet d'un échange réciproque et sans terme. Ulysse met ce plan à l'épreuve pendant huit années, une durée équivalente à celle dont ont eu besoin Agamemnon et Ménélas pour mettre sur pied l'entreprise contre Troie. Si l'on compte bien, les voyages d'Ulysse occupent donc tout au plus le quart de la durée réelle de l'*Odyssée,* comme quoi sortir du temps élimine le sentiment de la durée. La répétition ne prend son sens que dans la différence, ce qui confirme que l'inertie qui l'unit à Calypso s'interprète elle aussi sous l'angle du mimétisme. En effet, il se prête quotidiennement au jeu du sacrifice érotique à une entité à mi-chemin entre civilisation et sauvagerie, sacrifice pourtant sans effet pour tarir la fureur de Poséidon.

Peu de choses séparent Calypso de Polyphème. Ils sont, chacun à sa façon, des « mangeurs d'hommes ». Pourtant, se sacrifier à Calypso régénère Ulysse, le reconfigure en justicier errant[42]. Pour lui, ces années s'avèrent nécessaires pour refaire ses forces en vue de la guerre domestique qu'il doit livrer aux prétendants de Pénélope. Citati voit en lui un précurseur de

---

41. Mircea Eliade, *Le mythe de l'éternel retour. Archétypes et répétition*, Paris, Gallimard, 1966, p. 139.
42. On trouve le même schème formulaire dans le western.

Robinson Crusoé ; analogie séduisante en effet, qui suggère qu'Ulysse se trouve soudain dans un monde vierge, sans moyen d'établir sa primauté, vu qu'il n'a plus d'interlocuteur à qui adresser ses discours.

Retour et combat

Le retour d'Ulysse, en deux étapes, anticipe en quelque sorte la structure de l'utopie, qui interrompt, sinon renverse, le cours du temps pour repenser la structure de la société. Sa première étape le mène chez les Phéaciens. Ce monde exempt de violence recèle des trésors dignes de l'Eldorado. La dimension édénique de ce « grand jardin de quatre arpents » est clairement énoncée : « Ici de grands arbres [...] Leurs fruits, hiver ni été, jamais ne périssent ni ne manquent : ils durent toute l'année » (*Odyssée,* VII, 113-118, *passim*). Du chant IX au chant XII, Ulysse s'y trouve comme au centre d'une immense bibliothèque dont il incarne lui-même tous les livres, même ceux à venir. Entre autres « [d]e proche en proche, l'*Odyssée* mène au *Manuscrit trouvé à Saragosse* de Potocki et aux *Étapes sur le chemin de la vie* de Kierkegaard[43] ». Si le premier récit de l'aède Démodocos, à la fin du chant VIII, ressuscite les exploits de l'*Iliade,* la parole d'Ulysse évoque tout autant la cosmogonie (surtout lorsqu'il raconte son séjour aux enfers), la tragédie antique que les épisodes à venir de sa propre aventure :

> Le monde sur lequel Ulysse règne en souverain tout-puissant est celui du récit – aussi compliqué,

43. Pietro Citati, *La pensée chatoyante,* p. 205.

illimité que le tracé de ses voyages sur la carte de la mer. Dans l'*Odyssée,* où tous trompent, feignent et racontent, personne ne possède ses talents de narrateur. Personne ne connaît comme lui l'art de s'approprier les expériences les plus diverses[44].

Dans quelle mesure les auditeurs d'Ulysse croient-ils à ses histoires abracadabrantes racontées avec une maîtrise de romancier chevronné[45] ? Notent-ils qu'Ulysse met en abyme divers épisodes, intervient lui-même dans le récit pour rapporter certains des propos de ses compagnons qu'il ne peut logiquement connaître, puisque ces conversations se déroulent alors qu'il dort ? Alcinoos accepte-t-il sans broncher, peut-être en hôte à l'hospitalité suave, ces récits qu'il devine mensongers et que lui impose ce redoutable conteur ? Cette question rappelle celle, indécidable, de la fidélité d'Hélène. Écoutons pourtant le roi des Phéaciens lui-même donner son avis :

> Élevant la voix, Alcinoos lui répondit alors : « À te regarder, Ulysse, nous ne supposons point que tu sois un trompeur, une sorte de filou, comme il en est tant, que nourrit la terre noire, des hommes dont le monde est semé, qui ajustent des mensonges dans lesquels nul ne peut plus voir. Tu disposes de la beauté d'un langage où la noblesse des pensées est contenue. On te prendrait pour un aède, quand tu dis tout au long, en homme de savoir, les

44. *Ibid.*, p. 202.
45. Dès l'Antiquité on s'est demandé si l'on pouvait prêter foi à ces récits à caractère fantastique, vécus par un menteur reconnu, l'« homme aux mille tours ». À ce propos, voir Suzanne Saïd, *Homère et l'Odyssée,* Paris, Belin, coll. Sujets, 1998, p. 142-143.

> chagrins déplorables qui furent les tiens, et ceux de tous les Argiens. » (*Odyssée,* XI, 362-369.)

En ne disputant pas l'authenticité de son récit, qu'il y croie ou non, Alcinoos rend un fier service à Ulysse : il assure le dernier relais de sa course de Troie vers Ithaque. L'incohérence soulignée par Lebiez, à l'effet qu'Ulysse débarque sur sa terre natale en inconnu, s'explique en partie par le risque qu'il y encourt. Les prétendants ne respectent plus qu'à peine ce roi disparu dont le pouvoir de médiation s'atténue d'autant plus qu'on a éventé les astuces de Pénélope. Qui s'en étonnerait ? Leur irrespect des bons usages, qui n'a d'égal que celui de Polyphème, est d'ailleurs signalé dès le premier chant : quand Télémaque aperçoit Athéna (sous les traits de Mentès) sur le seuil de sa maison, où les prétendants font ripaille, il « s'indign[e] dans son cœur qu'un hôte depuis longtemps fût debout à la porte » (*Odyssée,* I, 119). Homère donne une contrepartie : l'accueil fait par Télémaque au pseudo Mentès, puis l'hospitalité offerte par le vénérable Nestor, à Pylos, et celle de Ménélas, à Sparte. Le porcher Eumée n'agit pas autrement quand il chasse les chiens[46], autre indication des dangers qui menacent Ulysse (méconnaissable sous son apparence de vieillard), et accueille l'étranger,

46. L'*Odyssée* est un récit aux multiples échos suggérés par les symboles, les épisodes et les formules. De même qu'Eumée demeure loyal en dépit de la pression qu'exercent les prétendants sur la famille et les biens du roi absent, la fidélité du chien Argos (chant XVII) répondra à l'hostilité immédiate des molosses.

selon la formule rituelle : « Mais suis-moi. Allons dans ma cabane, vieillard, afin que, rassasié de pain et de vin, suivant ton appétit, tu me dises toi-même d'où tu es et combien de chagrins tu as supportés » (*Odyssée,* XIV, 45-47[47]).

L'arrivée nocturne d'Ulysse, au chant XIII, dans un lieu méconnaissable redouble également le principe des récits utopiques : Ulysse aborde un rivage à la fois étranger et familier. L'*inquiétante étrangeté*[48] qu'il ressent sert de prélude aux dangers bien réels qui l'attendent. L'*Odyssée* acquiert bien certaines des caractéristiques de l'utopie, mais aussi du récit fantastique, en cela qu'Ulysse surgit tel un mort-vivant. Certes, son air de zombie lui permet de passer inaperçu. Cependant, après avoir manifesté au grand jour son pouvoir, il redéfinit le fonctionnement d'Ithaque selon une philosophie politique qui témoigne du cheminement intellectuel des deux décennies précédentes et qui se comprend dans la mesure où Ulysse inverse les référents de l'*Iliade.*

---

47. Le porcher montre que l'hospitalité n'est pas une vertu réservée aux rois.
48. Cette expression est la traduction de *Das Unheimliche,* concept romantique allemand décrit par les frères Grimm et notamment présent dans les récits de Ludwig Tieck, de Franz Brentano et, surtout aux yeux de Freud, chez E. T. A. Hoffmann. L'inquiétante étrangeté « se produit souvent et aisément quand la frontière entre fantaisie et réalité se trouve effacée, quand se présente à nous comme réel quelque chose que nous avions considéré comme fantastique [...]. » (Sigmund Freud, *L'inquiétante étrangeté*, Paris, Gallimard, 1985, p. 251.) Voir aussi Georges Desmeules, *La littérature fantastique et le spectre de l'humour*, Québec, L'instant même, 1997, 208 p.

Rappelons-nous que sa première tentative de fédération des rois achéens a débouché sur un désastre. Notons aussi que le succès de sa ruse la plus célèbre, celle du cheval, Ulysse le doit à l'illusion qu'entretiennent les Troyens à propos des vertus de la démocratie. Comprend-il la leçon qu'il se donne à lui-même ? Tout porte à le croire, car Ulysse s'enferme dans la grande salle de son manoir, Télémaque et le fidèle Eumée à ses côtés, pour livrer bataille aux prétendants. Ulysse mate aisément cette classe d'élèves turbulents, en bonne partie parce qu'il appuie son autorité sur celle d'Athéna, qui la légitime en y apposant son sceau d'approbation, la sanction divine.

Son ultime exploit, le massacre des prétendants, suggère une vengeance imposée par une institution neutre. Or Ulysse contrevient au principe même de gestion de la violence mimétique, puisqu'il constitue à la fois la partie lésée et l'instance responsable de sanctionner les coupables. Voici pourquoi il ne peut se contenter de ne sacrifier qu'un seul des prétendants, à moins de s'exposer à une réciprocité de la violence. Il doit désormais éliminer tous ses rivaux potentiels et reprendre le contrôle du cours du temps. Symboliquement, l'épreuve de la flèche tirée grâce à un arc que lui seul parvient à tendre révèle la même chose : les douze haches, les mois d'une année, se trouvent biffées d'un trait horizontal, le temps linéaire efface le temps cyclique[49].

49. Margaret Atwood expose et explique cette idée dans *L'Odyssée de Pénélope* (Montréal, Boréal, 2005). Voir surtout le chapitre 24, décrivant le procès d'Ulysse. Jaccottet fait la même remarque, dans son commentaire du vers 415, au chant XXI, p. 423. Déjà en 1857 Max Müller rappelait

Conclusion

Ulysse et Achille partagent au moins un projet dans les épopées dont ils sont les héros : au moment du carnage des prétendants, Ulysse cherche à réaliser la reconquête de Pénélope tel un Achille habité par la fureur devant les murs de Troie. Ithaque se métamorphose en nouvelle Troie, but ultime d'une quête entreprise vingt ans plus tôt. En bouclant ainsi la boucle, Ulysse suggère-t-il la futilité de toute entreprise guerrière ? Rien n'est moins sûr, malgré que ses vertus christiques n'échappent pas aux critiques.

De nombreux mythes littéraires modernisent la course d'Ulysse vers le royaume hérité de son père. Les articulations de sa quête permettent entre autres de comprendre le *Faust* de Goethe, considéré comme l'une des œuvres les plus obscures de l'histoire de la littérature : cet assoiffé de savoir mise son âme contre Méphistophélès, pariant que celui-ci ne parviendra jamais à satisfaire son insatiable désir de nouveauté[50]. Dans un autre ordre d'idée, suggérons,

---

qu'un de ses prédécesseurs en cette matière, un certain Mehlis, voyait en Ulysse un symbole du soleil qui, « obligé au matin d'abandonner son épouse, l'aurore, voyage à travers le monde entier, descend même au sombre séjour, puis revient le lendemain [...] » (*Mythologie comparée*, Paris, Robert Laffont, coll. Bouquins, 2002, p. 611.)

50. Faust l'affirme à répétition : il reste insatisfait, car la véritable connaissance, le Savoir, lui échappe. Que veut-il savoir, au juste ? Que cherche-t-il ? Il paraît incapable de le préciser, faute de reconnaître la primauté d'un médiateur. Il erre sans but, car sa vanité l'empêche de s'abaisser à calquer tout désir qu'il ne reconnaît pas comme issu de sa propre volonté.

comme Simone Weil le fait, un rapport entre l'*Odyssée* et le Nouveau Testament. Les quarante jours dans le désert de Jésus rappellent les errances d'Ulysse, comme les prédications du fils de Dieu remplissent une fonction comparable aux récits du Grec. Enfin, tous deux subissent des tentations et permettent l'instauration de l'eucharistie. Notons que ce « mangeur de pain » initie le Cyclope aux joies de la consommation du vin. La cérémonie qu'il lui enseigne, il ne manque pas de lui recommander de la répéter en l'honneur de son nom. Son séjour aux enfers, d'où il revient transfiguré, possesseur d'un nouveau savoir, associe un peu plus Ulysse au Christ ressuscité. Cette figure ne se trouve-t-elle pas déjà forgée sur le bouclier d'Achille ? Serait-il ce monarque représenté par Héphaïstos qui contemple ses richesses, « debout, en silence, avec son sceptre, sur l'andain, le cœur tout joyeux » (*Iliade,* XVIII, 555-556) ?

Et la croix sur laquelle on crucifie le Christ ? Peut-on en voir la prémonition dans le mât de son navire, d'où il entend le chant des Sirènes ? En tout cas, c'est l'avis de Maxime de Turin, qui explique que si

> d'après la légende Ulysse échappa au danger en s'attachant au mât, il faut d'autant plus prêcher la vérité : aujourd'hui le mât de la croix arrachera le genre humain au danger de la mort. En effet, c'est parce que le Christ notre Seigneur a été attaché à la croix que nous traversons les séduisants dangers du monde comme si nous avions les oreilles bouchées ; nous ne nous arrêtons pas au bruit pernicieux du siècle et nous ne détournons pas le cours de notre navigation vers une vie

> meilleure pour nous abîmer sur les rochers de la volupté[51].

En bout de course, si Achille concrétise notre fascination pour la violence, fascination morbide que même d'intimes et sublimes mouvements de compassion ne parviennent à racheter, Ulysse va beaucoup plus loin et révèle avant la naissance du monde l'obsession de ses habitants pour sa décadence. Notre insatiable appétit pour le millénarisme et ses variantes, Ulysse en témoigne à sa façon, comme le souligne Marc Lebiez :

> La conscience historique commence avec la découverte horrifiée que des rois riches et puissants ont jadis vécu dans ce qui n'est plus que ruines, et que ces ruines mêmes sont si formidables qu'on ne serait plus capable d'en élever de semblables, trop pauvres, trop faibles. Comment admettre que le passé ait été plus noble que le présent… Le scandale fondateur est celui de la décadence, de la perte, le sentiment de la supériorité du passé sur le présent[52].

Qu'on ne s'y trompe pas. En liquidant tous les prétendants, en se retenant de peine et de misère de

---

51. Maxime de Turin, *Sermon XXXVII*, cité dans *L'intertextualité*, textes choisis et présentés par Sophie Rabau, Paris, Flammarion, 2002, p. 132. Dans l'esprit de certains Pères de l'Église, dont saint Clément d'Alexandrie, les sirènes représentent les difficultés qui jalonnent le périple du croyant vers le salut, la sensualité au premier chef. La métaphore du voyage en ce sens traverse d'ailleurs l'histoire de la chrétienté. Jorge Luis Borges tenait par ailleurs Ulysse et le Christ pour les deux plus grands héros d'Occident.
52. Marc Lebiez, *op. cit.*, p. 308.

procéder au même genre d'éradication sur les pères de ces jeunes gens entraînés dans un désir collectif qui les dépasse, Ulysse adopte enfin une politique propice à garantir la pérennité de son pouvoir : l'extermination. Tel est peut-être, en bout de course l'horreur que sert à camoufler l'immortel mythe d'Ulysse. Son périple merveilleux, ses aventures fabuleuses, ses inventions envoûtantes meublent un récit qui camoufle et dévoile tout à la fois (tel est l'art d'Ulysse) la déchéance d'un monde hyper violent et le début d'une grande noirceur qui s'étend sur plus de quatre siècles[53].

---

53. Comme l'annonce Héra, au chant IV de l'*Iliade*, la chute de Troie a pour conséquence la ruine inéluctable de trois cités qu'elle chérit : Argos, Mycènes, Sparte. Lebiez soutient que l'époque de l'expédition troyenne introduit une première décadence, dont témoigne l'*Odyssée*. Les Grecs auraient même perdu l'usage de l'écriture, entre le XIIIe siècle av. J.-C., époque où se déroule la Guerre de Troie, et le IXe siècle.

Chapitre 4
Les enquêtes de Télémaque et le mystère Agamemnon

Le mythe révèle sa richesse symbolique en opposant la lettre à l'esprit, la banalité du récit au sens qui filtre « à travers » les événements. Bien qu'on en parle peu, quitte à les omettre dans plusieurs ouvrages critiques sur l'*Odyssée,* ses quatre premiers chants, qu'on appelle « la Télémachie[1] », car Télémaque y occupe la place centrale, mettent en évidence un aspect essentiel du mythe d'Ulysse: la filiation. « Certes, peu d'enfants ressemblent à leur père. En général, ils sont pires » (*Odyssée,* II, 275-276), clame Athéna, ayant pris cette fois les traits de Mentor, ami à qui Ulysse avait confié l'éducation de son fils en son absence. D'emblée, le conflit latent qui menace le royaume d'Ithaque, au début de cette seconde épopée, ne paraît pas concerner Ulysse, mais bien son fils et les fils des Achéens qui assiègent sa demeure et mettent à mal les lois de l'hospitalité. Tous ces jeunes rivaux aspirent à plaire à Pénélope,

1. Le suffixe *-machie* de ce qu'on appelle parfois « Télémaquie » rappelle que le nom du fils d'Ulysse signifie « qui combat au loin ».

mais se contentent pour l'heure de festoyer aux frais de leurs hôtes. Ce conflit, tout aussi mimétique que celui qui oppose Grecs et Troyens à propos d'Hélène, confond les prétendants dans une presque joyeuse indifférenciation. Un peu plus et on pourrait les comparer aux marins d'Ulysse, transformés en pourceaux, et les soins prodigués par Pénélope et ses servantes aux charmes de Circé et des femmes de sa suite.

Ici réside probablement le principe organisateur de la « petite » épopée qu'entreprend le fils d'Ulysse. Il doit absolument se démarquer des prétendants, soit en ramenant des preuves de l'improbable retour de son père, soit en confirmant sa disparition, ce qui déclencherait la course à sa succession. La seule option, évidemment inacceptable, qui le favoriserait, l'inceste, lui permettrait d'enfin assumer un pouvoir auquel il prétend par sa seule existence. Le chant XVIII nous apprendra qu'à son départ pour Troie, Ulysse avait dit à son épouse : « Et quand tu verras à ton fils une barbe naissante, marie-toi avec celui que tu voudras et quitte ta demeure » (*Odyssée,* XVIII, 269-270).

La précarité de son statut explique aussi pourquoi la présence d'une source d'autorité sur laquelle s'appuyer s'avère indispensable dans la réalisation de son projet. La présence à ses côtés d'Athéna, déguisée en Mentor, est garante de la légitimité de sa démarche[2]. En effet, il importe en tout temps que

---

2. À la fin du XVIIe siècle, François Fénelon livre une épopée intitulée *Les aventures de Télémaque*. Sans déconstruire radicalement la version homérique, cette œuvre valorise le statut de Télémaque et exalte la fidélité à l'autorité, vertu

se manifeste la soumission du fils à l'endroit du père ou d'une figure d'autorité comparable, pour écarter toute menace de parricide, ce qu'Ulysse rappelle lui-même, de retour des enfers :

> Et je vis la mère d'Œdipe, la belle Épicasté[3], qui commit une action énorme, dans l'ignorance où était son esprit, en se mariant avec son fils. Et lui se maria avec elle, après avoir abattu son père [...] ; mais lui, dans Thèbes tout aimable, régna sur les Cadméens, subissant de douloureuses épreuves, par la volonté funeste des dieux. Épicasté s'en alla chez le puissant Hadès aux portes si bien ajustées, ayant attaché le lacet de sa ruine à la haute poutre maîtresse, sous l'effet de l'angoisse qui s'était emparée d'elle... À Œdipe elle laissa, derrière elle, maintes et maintes souffrances, toutes celles qu'accomplissent les Érinyes d'une mère (*Odyssée,* XI, 271-280).

---

classique par excellence, plutôt que l'individualisme dont témoigne Ulysse. Le récit débute chez Calypso : juste au moment où Ulysse vient, enfin, de quitter l'île, arrivent Télémaque et Mentor (le succès du livre de Fénelon fit passer le mot au registre commun pour désigner un guide, un conseiller). La déesse entreprend de séduire celui qu'elle reconnaît comme le fils de son ancien amant, et qui s'annonce certes plus fringant, mais Mentor s'oppose à ces amours ; de fait, cet épouvantail d'Athéna freine constamment l'expression et la réalisation des désirs de son protégé, apparemment pour son bien. On s'en doute, le rapport entre Mentor et Télémaque deviendra conflictuel. Ce médiateur agit alors conformément aux hypothèses de Girard en obstacle entre ce sujet et les objets qu'il voit comme source de désir. Ajoutons enfin que Fénelon a écrit ce livre pour l'éducation du jeune duc de Bourgogne, dont il était le précepteur royal.

3. Autre nom de Jocaste.

Ulysse court-il un tel péril, avatar d'un Laïos avec qui il partage un tempérament belliqueux ? Ou bien, option plus probable, son fils risque-t-il plutôt de partager le destin d'Oreste ?

De fait, les voyages de Télémaque, racontés aux chants III, IV et XV, ne le mettent pas sur les traces de son père, mais lui permettent d'identifier, à rebours, le véritable responsable de la victoire en forme de débâcle du camp grec : le malheureux Agamemnon. Télémaque devient détective avant l'heure, le premier de l'histoire. Il se découvre enquêteur dans un récit à suspense où il importe qu'il démasque le coupable d'un crime éventuel dont Pénélope joue le rôle de victime en sursis. Le sens de ses conversations tortueuses avec Nestor, d'abord, puis avec Ménélas et Hélène, résiderait là. En effet, il obtient des renseignements qui ne répondent en rien à ses questions à propos de son père. Hélène se livre même, on le verra plus loin, à un numéro bien orchestré de divination. Par contre, comme toutes les prophéties, les siennes peuvent s'avérer trompeuses.

Ainsi, au chant III, Mentor et Télémaque arrivent à Pylos, chez Nestor, doyen des héros de la guerre de Troie, au moment où les Pyliens font une hécatombe[4] en l'honneur de Poséidon, justement le dieu courroucé qui empêche le retour d'Ulysse. Le sacrifice est accompli dans les règles de l'art, tant par le vieux roi et sa famille que par les visiteurs. Une fois rassasié (on mange la viande des bêtes

4. Au sens premier, sacrifice de cent bœufs, animaux associés à Poséidon.

immolées et on boit du vin), Télémaque se confie à lui :

> Je vais à la poursuite du large renom de mon père, si par hasard j'en entends parler : c'est le divin, l'intrépide Ulysse, qui jadis combattit, dit-on, avec toi et ruina la cité des Troyens [...]. Voilà pourquoi j'arrive aujourd'hui à tes genoux, avec l'espoir que tu consentiras à me conter sa triste mort [...]. N'y mets aucun adoucissement, par crainte ni pitié (*Odyssée,* III, 83-96, *passim*).

Nestor renseigne bien peu Télémaque, sinon pour lui dire que jamais Ulysse, avec « ses ruses de toutes sortes » (*Odyssée,* III, 122), et lui n'eurent de désaccord, et que jamais il ne vit Athéna plus favorable à un homme qu'à son père. Nestor disserte plutôt sur le destin des Atrides. En semblant répondre *à côté,* par substitution (Clytemnestre pour Pénélope ; Agamemnon pour Ulysse), le vieux sage ne parle pas pour rien. On peut entendre dans ses paroles une mise en garde à Télémaque : si un prétendant usurpe la place d'Ulysse, il lui incombe de défendre la mémoire d'un père à qui il doit deux fois la vie. En effet, Apollodore raconte que

> Ulysse, qui ne voulait pas partir en guerre, feignit d'être fou. Palamède, fils de Nauplios, confondit cependant cette folie simulée : suivant Ulysse qui faisait mine de délirer, il arracha Télémaque au sein de Pénélope et dégaina son épée comme s'il allait le tuer. Ulysse eut peur pour son fils, admit que sa folie était fausse et il prit part à l'expédition[5].

5. Apollodore, *op. cit.*, p. 218-219.

Télémaque, sauvé par un père qui aurait pu échapper à la guerre au prix de sa vie, comprend-il alors que la morale du récit de Nestor désigne la victime et le coupable d'un crime éventuel ? Devine-t-il que Nestor lui suggère d'assassiner Pénélope si elle choisit un nouvel époux ?

Notons, pour fournir un élément de réponse à ces questions, que le voyage de Télémaque a tout l'air d'une fuite, au moment où les stratagèmes de sa mère ne suffisent plus à repousser les prétendants, et que cette fuite ressemble en tout point à celle d'Oreste[6]. Lorsque ce dernier se décida enfin à rentrer au pays natal, il fut contraint de commettre un acte malheureux. Ainsi, Nestor éveille le fils de Pénélope à la possibilité du matricide plutôt qu'au péril du parricide. De plus, Athéna se charge d'expliquer le sens des paroles du vétéran de la campagne troyenne à un Télémaque qui fait mine de ne pas comprendre la leçon :

> L'avisé Télémaque lui répartit : « Cette parole-là, j'en ai le sentiment, vieillard, n'est pas encore à s'accomplir. Ce que tu as dit est trop énorme. J'en suis saisi d'étonnement. J'ai beau les attendre, ces choses-là ne sauraient arriver, quand les dieux les voudraient telles. »
>
> La déesse Athéna à face de chouette lui dit alors : « Quelle parole, Télémaque, s'est échappée

6. Fils de Clytemnestre et d'Agamemnon, frère cadet d'Électre et d'Iphigénie (sacrifiée afin que la flotte en partance pour Troie reçoive des vents favorables). Ayant tout à craindre de sa mère et de son amant, Égisthe, qui ont assassiné Agamemnon, Électre a éloigné Oreste de Mycènes. Il y reviendra venger son père en tuant les amants maudits.

> de la clôture de tes dents ! Un dieu s'il le veut, peut aisément sauver un homme, même de loin. Je préférerais, moi, fût-ce au prix de mille souffrances, arriver chez moi et voir le jour du retour, plutôt que de périr à mon foyer, une fois arrivé, comme périt Agamemnon sous les ruses d'Égisthe et de sa propre épouse. » (*Odyssée,* III, 226-235.)

Craignant de trop bien comprendre, Télémaque sollicite de Nestor qu'il relate les causes du crime d'Oreste. En conclusion d'un récit détaillé du meurtre de Clytemnestre par son propre fils, son hôte réitère son conseil : « ami, ne sois pas longtemps absent de ta demeure » (*Odyssée,* III, 312).

Nestor soulève par contre, et peut-être malgré lui, le voile sur la responsabilité d'Agamemnon. Ce roi se révèle, au gré des aléas de la guerre, un bien piètre chef, dont les erreurs de jugement à répétition produisent des conséquences catastrophiques. Le chant IV de l'*Iliade* suggère cependant que ses errements découlent de la volonté de Zeus, qui l'utilise comme un jouet dans un échange entre lui et Héra, son épouse. Celle-ci lui sacrifie trois cités grecques chères à son cœur en échange du droit d'assouvir ses ambitions vengeresses contre Troie. On peut ainsi soutenir, conformément à l'analyse de Bardollet, que les dieux subordonnent le libre arbitre d'Agamemnon à la nécessité narrative ; il importe pour assurer la chute future d'Argos, de Mycènes et de Sparte[7], de miner la victoire du

7. Ce point de vue renforce l'hypothèse selon laquelle l'*Odyssée* aurait subi, quelques siècles après sa rédaction originale, des remaniements valorisant la ville d'Athènes au détriment de ses rivales.

camp grec. Comment ? En projetant les décisions humaines dans le domaine de la divinité :

> Cette manière de faire passer l'initiative des hommes aux dieux est tout aussi remarquable quand elle est appliquée aux mouvements intérieurs à l'esprit de tel ou tel personnage. Télémaque est-il obsédé par l'idée de partir de chez lui en quête de nouvelles ? Cette idée et même son accomplissement ne peuvent être que la conséquence d'une délibération de l'assemblée des dieux[8].

Télémaque doit craindre que les dieux l'instrumentalisent dans la reproduction des crimes d'Oreste sur l'usurpateur éventuel de la place d'Ulysse et sa propre mère. Les conséquences dépasseraient la folie, destin que subit Oreste, et engageraient l'avenir même d'Ithaque. Ce raisonnement repose sur un parallélisme qui établit Clytemnestre et Égisthe dans les rôles d'Hélène et Pâris. Les trois valences de cette équation se développent ainsi : Ménélas récupère Hélène en faisant tomber Troie ; un prétendant séduit l'épouse d'Agamemnon et élimine ce roi dont la cité tombera à son heure ; un sort similaire attend-il Ulysse s'il affronte les prétendants qui envahissent son domaine ?

L'ultime chant de cette épopée semble confirmer cette programmation. Les prétendants arrivent aux enfers et se retrouvent, étrangement, devant Agamemnon, dont on ne parle plus depuis la fin de la Télémachie, et, plus surprenant encore, devant Achille. Tous deux rivalisent de compliments. Ce dernier s'étonne de retrouver l'Atride parmi eux,

8. Louis Bardollet, *op. cit.*, p. 54.

alors qu'il croyait que « Zeus que réjouit la foudre [l]'aimait, tous les jours, comme nul autre héros » (*Odyssée,* XXIV, 22-23). Agamemnon, quant à lui, se lamente sur son sort domestique et loue la bonne fortune d'Achille, mort sur le champ de bataille :

> Ainsi, même mort, tu n'as pas perdu ton nom, et tu auras toujours, Achille, chez tous les hommes, une noble gloire. Pour moi, j'ai jusqu'au bout enroulé le fil de la guerre. Quel plaisir ai-je eu ?... Lors de mon retour, Zeus pour moi imagina une triste mort, des mains d'Égisthe et d'une épouse abominable ! (*Odyssée,* XXIV, 93-97.)

Peut-on voir un prolongement, ironique certes, de la querelle qui les oppose au début de l'*Iliade* pour une question de préséance ? Ou plutôt un écho de la fatalité qui poursuit Agamemnon, un personnage chez qui rien ne semble logique ?

Lebiez note qu'on « ne saurait trop marquer l'insistance d'Homère à rappeler la triste fin d'Agamemnon, dès le 30e vers de l'épopée. Pourquoi toujours cet exemple et seulement celui-là ? Parce que la position d'Ulysse ressemble à celle du roi d'Argos et de Mycènes, à ceci près que le petit roi d'Ithaque réussira là où l'Atride a échoué[9]. » Quoi qu'il en soit, les prétendants renchérissent en avouant leur faute, sanctionnée

9. Marc Lebiez, *op. cit.*, p. 119. Lebiez souligne plus loin que « [l]a logique qui mène Égisthe à tuer Agamemnon est celle de la vengeance : c'est le dernier survivant de Thyeste [frère d'Atrée – l'ancêtre d'Agamemnon – qui a mangé de la chair humaine à son insu, servie par Atrée lui-même] qui tue le fils d'Atrée », p. 134.

brutalement par Ulysse et son fils. Voici pourquoi s'impose l'urgence pour Télémaque, au chant III, de réintégrer son domicile. Paradoxalement, Nestor l'incite alors non pas à rentrer à Ithaque, mais à poursuivre son périple jusque chez Ménélas. Pisistrate, le fils de Nestor, remplace Athéna en fonction de la logique de l'intrigue dans laquelle le fils d'Ulysse acquiert plus d'assurance. Leur arrivée coïncide, fortuitement à nouveau, avec la célébration de deux mariages simultanés.

Certes, il y a récurrence du motif du mariage, mais Télémaque apprend en outre deux choses essentielles, auprès d'Hélène et de Ménélas, qui risquent de le placer dans une position instable vis-à-vis d'Ulysse. D'abord, il apprend la ruse de son père pour forcer les murs de Troie. Devine-t-il qu'il jouera justement un rôle équivalent à celui du fils d'Achille au moment d'investir la salle principale du palais d'Ithaque ? La seconde information, cryptée, éclaire les motifs du chant d'Hélène, qui imita la voix des épouses des héros grecs dissimulés dans le fameux cheval de bois, juste avant la chute de Troie. Pourquoi cherche-t-elle alors à perdre ses compatriotes venus à sa rescousse ?

Avant de fournir elle-même la réponse et d'avouer les motifs de sa tentative de délation, Hélène s'assure de l'indifférente bienveillance de son auditoire en droguant tout le monde en douce. Cette drogue, dont elle a appris l'usage en Égypte, a des propriétés lénifiantes : « Qui l'avalerait, une fois mêlée au contenu d'un cratère, de tout le jour ne saurait laisser tomber des larmes de ses joues, ses père et mère fussent-ils morts » (*Odyssée,* IV, 222-225). Bref, elle évoque son rôle de traîtresse dans une atmosphère presque psychédélique. De ses explications, on devine que son chant autour du cheval possède des vertus prophétiques. En effet, chacun des combattants, notamment Agamemnon et Ulysse, doit s'apprêter à affronter un péril similaire à celui qui pèse sur les Troyens, lors de son hypothétique retour à la maison. En effet, gare à l'usurpateur qui occupe peut-être déjà sa place, contre qui il faudra reprendre les armes pour reconquérir son dû.

Télémaque saisit apparemment, bien que de manière tacite, ce que cette logique mimétique exige de lui : qu'il retourne à Ithaque, qu'il frappe vite et fort. Il comprend peut-être aussi qu'en portant le premier coup il risque d'enclencher une rivalité qui transformerait Ithaque en une cité de pestiférés. Pas étonnant dès lors qu'il rechigne à l'idée de rentrer et qu'il faille attendre au chant XV, sous la contrainte de Ménélas, pour que Télémaque se décide à reprendre la mer. Alors que celui-ci fuit le foyer familial pour éluder son destin de victime, son enquête révèle la menace qui pèse sur sa tête : instaurer un nouveau cycle de vengeance réciproque en acceptant l'ingrate fatalité qui le pousse au crime. En fin de compte, le retour d'Ulysse et la liquidation des prétendants et des servantes lui évitent de devoir aller au bout de ce projet narratif, mais les chants XVI à XXI portent des traces de cette tension tragique.

Girard ne présente pas son modèle en envisageant cette possibilité, mais sa théorie de la rivalité mimétique et de la victime émissaire se replie sur la structure du récit policier. Puisque l'analyse de

Citati suggère aussi qu'on trouve les ferments des genres de l'utopie et du fantastique dans l'*Odyssée,* il ne reste qu'à clore ce dossier. Telle une fractale dont le développement occuperait tout l'espace du réel, l'œuvre géniale d'Homère investit les trois dimensions du récit : dramatique, psychologique et idéologique[10].

10. Il s'agit des trois premiers axes d'analyse qui mènent à l'explication de texte, le quatrième et dernier correspondant à l'étude du style. L'histoire des trois genres modernes (le récit policier, le fantastique et le récit de science-fiction) correspond au surinvestissement de chacun de ces axes. Pour un développement de cette hypothèse, voir Georges Desmeules, « Du polar au dessert », *Québec français*, n° 118 (été 2000), p. 76-78.

Chapitre 5

Pénélope : reine, prophétesse et héroïne tragique

On comprend mieux la tension qui oppose Pénélope à Télémaque, puisque le second doit la vie au choix d'Ulysse, qui a préféré sauver son fils plutôt que d'éviter de partir pour Troie. Pénélope constate quant à elle la dilapidation de sa vie et de ses charmes : « En vérité, Eurymaque, mes qualités, ma beauté, ma stature, les Immortels les ont anéanties, le jour où les Argiens s'embarquèrent pour Ilion et qu'Ulysse, mon époux, se trouvait parmi eux » (*Odyssée,* XVIII, 253-255). Ces paroles peuvent sembler bien futiles, en regard du prix à payer pour conserver son époux auprès d'elle, soit la vie de son fils. Cependant, il importe de tenir compte du laps de temps écoulé et de la somme des dangers encourus depuis. Pénélope comprend avec acuité la précarité de leur position respective, à Télémaque et à elle, mais elle saisit également qu'entre son fils et son épouse, Ulysse choisit le premier, toujours[1]. La reine d'Ithaque le

1. Dans une structure patriarcale, le père l'emporte sur le mari. Dans une perspective anthropologique, le mariage permet,

cerne bien, elle qui veut assurer la protection de son fils, surtout pour l'empêcher de sombrer dans la foule anonyme des prétendants. Lui perdu, il ne lui resterait plus de possibilité d'échapper à son destin de prise de guerre. Ses craintes expliquent les reproches qu'elle adresse à son fils, au chant XVIII, après la lutte entre Iros, mendiant attitré d'Ithaque, et Ulysse, lui aussi déguisé en pauvre hère :

> Tu n'as plus ni fermeté dans l'âme, ni réflexion, Télémaque. Encore enfant, tu réglais bien mieux la marche en toi des habiles desseins. Maintenant que tu as grandi, que ta jeunesse atteint sa mesure, et qu'on pourrait, étant étranger, te dire le rejeton d'un homme heureux, à voir ta taille et ta beauté, tu n'as plus dans l'âme ni justesse ni réflexion. Quelle action a-t-on commise là, dans le manoir, quand tu as laissé cet étranger subir un tel outrage ! Qu'en sera-t-il maintenant, si un hôte, assis dans notre demeure, peut ainsi pâtir du fait des mauvais traitements qui l'affligent ?... Tu aurais la honte et l'insulte parmi les hommes. (*Odyssée,* XVIII, 215-223.)

Tenue hors du secret, la reine devine les risques qu'elle encourt si quelqu'un enclenche le cycle de la violence. En effet, la lutte entre le vrai et le faux mendiants a tout d'un conflit mimétique, les noms des belligérants le confirment[2]. Le sacrifice

---

dans ce type de société, l'alliance entre deux chefs de famille et leur continuation par leur descendance. La femme risque d'y jouer un rôle instrumental.

2. En grec, Iros et Ulysse s'équivalent. Ulysse le souligne lorsqu'il annonce à son adversaire qu'il deviendra bientôt

d'Iros risque fort de créer une situation critique, où les participants à ces festivités barbares exigeront toujours plus de victimes pour ventiler leur violence, à moins « que tous s'entendent, en d'autres termes, sur l'identité d'un coupable unique[3]. » Voici ce qui explique les précautions qu'elle recommande à son fils de prendre. En s'engouffrant dans cette violence indifférenciée, il deviendrait un nouveau foyer de la peste et il risquerait même de partager le destin peu enviable d'Œdipe. La suite de l'épopée montre que le risque de contagion se déplace vite vers le centre du manoir d'Ulysse.

On touche ici le noyau de la tragédie de Pénélope. De bout en bout, on la cite en modèle de patience et de vertu, Ulysse paraît se languir d'elle, même entre les bras de Calypso[4]. Le rôle de Pénélope se limite toutefois à livrer quelques répliques et à retomber dans une léthargie induite par Athéna, Artémis ou Hermès. Citati ne manque pas de relever ce fait :

> Pénélope dort tout le temps [...]. Pendant son sommeil, de grands songes la visitent, lui annonçant le salut de Télémaque ou le retour d'Ulysse, ou lui présentant celui-ci, sur son lit,

---

« non-Iros », c'est-à-dire « Personne ». Dans sa traduction, Jaccottet rend ce jeu de mots par « Bientôt d'Iros ne restera que l'os », (*Odyssée*, XVIII, 73).

3. René Girard, *La violence et le sacré*, p. 127.
4. Dans leur version modernisée, et déconstruite, Dominic Champagne et Alexis Martin contredisent cette motivation. Ulysse avoue désirer, par-dessus tout, revoir son fils. De fait, il ne mentionne jamais Pénélope.

> auprès d'elle. Pénélope vit ainsi : enveloppée de l'ombre, de la douceur, de la quiétude et de l'incertitude de l'inconscient comme aucun autre personnage de l'*Odyssée*[5].

Citati ne note pas, comme le ferait Girard, qu'on confine d'abord Pénélope à un rôle de quasi-objet, rôle qui ne se définit clairement qu'au moment où la valeur du fils menace d'égaler celle du père. On ne la veut pas pour elle-même, mais en vertu du prestige du médiateur qui la désigne faussement comme agent d'un désir qui peut dégénérer en violence à tout moment.

Bien qu'elle ne sorte jamais du palais, et rarement de sa chambre, ses sommeils confèrent à Pénélope une double appréhension de son monde. Ainsi, la veille du dévoilement de l'identité de son époux, pour l'heure déguisé en mendiant, elle s'exclame : « Mais si Ulysse revenait, s'il arrivait dans sa patrie, il y a des chances qu'avec son fils, sur-le-champ, il fasse payer aux gens leurs violences ! » (*Odyssée,* XVII, 539-540.) Ses vœux possèdent, l'ignore-t-elle encore ? valeur de prophétie. Télémaque le lui confirme, apparemment malgré lui, car « [a]lors Télémaque éternua très fort. Ce fut un fracas effrayant partout dans la demeure. Et Pénélope de rire » (*Odyssée,* XVII, 541-542). Le souhait qu'elle formule alors de voir la mort prochaine des prétendants ne manque pas de se réaliser. Mieux, semble-t-il, Ulysse se matérialise presque devant elle exactement à ce moment.

---

5. Pietro Citati, *op. cit.*, p. 297.

Les enjeux se précisent, alors que la question de la maturité de Télémaque prend de plus en plus d'importance. On dirait même qu'Ulysse arrive à point nommé pour liquider toute prétention œdipienne chez son fils, comme la lecture pas à pas du déroulement de l'épreuve de l'arc le démontre. De fait, Pénelope invente-t-elle la condition hypothétique posée par Ulysse avant son départ, à propos de la maturité de son fils, afin de permettre à Télémaque d'y participer ? En tout cas, ce dernier le comprend ainsi. Il ne perd pas de temps, lui, en éloges de Pénélope : « Qu'est-il besoin que je vante ma mère ? » (*Odyssée,* XXI, 107-108.) Il lui importe plutôt de prouver sa force, et ce, avant tous les autres prétendants :

> Mais, cet arc, je l'essaierais bien, moi aussi. Si je le bande et d'une flèche traverse les fers, il ne saurait être question que mon auguste mère quitte cette demeure et, pour mon affliction, s'en aille avec un autre, quand je resterais derrière elle, *capable désormais de remporter les beaux prix des compétitions paternelles* [...]. [L]es autres furent tous saisis de stupéfaction. (*Odyssée,* XXI, 114-121, *passim*[6].)

La menace n'échappe apparemment pas à Ulysse, qui « le lui défendit d'un signe et le retint, quel que fût son désir » (*Odyssée,* XXI, 129), au moment où Télémaque s'apprêtait à tenter l'épreuve une quatrième fois. Si Pénélope se claquemure alors dans sa chambre, sur ordre de son fils, il n'empêche que son statut d'objet se précise : « Cet objet n'est

6. Nous soulignons.

autre que le conflit tragique dont nous voyons déjà et verrons mieux plus loin qu'il ne fait qu'un avec la peste. Chacun, d'abord, se croit capable de maîtriser la violence mais c'est la violence qui maîtrise tous les protagonistes successivement[7] ».

On connaît la suite. Ulysse et Télémaque se liguent contre les prétendants, d'abord, puis contre leurs pères, et contre les servantes. Tous portent la responsabilité d'avoir contesté et menacé un ordre culturel dont Ulysse préserve jalousement les règles. Dans son cas, le recours aux dieux sert son projet politique. Mais « le mythe ne pose pas explicitement le problème de la différence[8] », comme l'affirme Girard. Il sert plutôt à résoudre le conflit mimétique de manière radicale. À l'instar de son fils, les dieux se tiennent derrière Ulysse pour confirmer son statut inaltérable de médiateur, un vengeur aux veines gonflées par un sang héroïque.

Reste à affronter Pénélope… Ulysse retrouve une femme bien plus forte qu'il n'y paraît, qui cumule les vertus de chacune des déesses côtoyées au fil des ans. Pénélope a avec Hélène non seulement un lien de sang, mais aussi la capacité d'inspirer à la fois la passion amoureuse et la furie guerrière. Telle Circé, elle contemple avec dédain ses visiteurs se comporter en pourceaux. Elle paraît enfin posséder les charmes langoureux de Calypso. Alors pourquoi

---

7. René Girard, *op. cit.*, p. 107. Girard discute ici du rôle des protagonistes de la tragédie de Sophocle vis-à-vis de Jocaste et du pouvoir, mais ses propos s'appliquent à la présente situation et confirment la valeur qualifiante de l'épreuve individuelle à laquelle Pénélope convie les prétendants.

8. *Ibid.*, p. 111.

Ulysse paraît-il si pressé de la quitter, une fois la paix rétablie en son royaume ? Et pourquoi elle-même respecte-t-elle des vœux de fidélité qu'Ulysse a bafoués pendant des années ?

La réponse réside peut-être dans la ruse grâce à laquelle Pénélope est passée à la postérité. La toile qu'elle tisse et défait, au long des jours et des nuits, représente le temps circulaire, l'éternel retour dont les prétendants comprennent trop tard les vertus, toutes féminines, de confort et de sécurité. Sa toile, une fois complétée, servirait de linceul à Laërte, père d'Ulysse, pour « le jour où le saisira tout entier la Moire pernicieuse, dans les lentes souffrances de la mort. Je crains par le pays l'indignation contre moi de quelque Achéenne, s'il gît sans linceul, après avoir acquis tant de biens » (*Odyssée,* XXIV, 134-136). En repoussant à jamais l'achèvement de la toile, Pénélope assure la vie éternelle à son beau-père et, ce faisant, à tous les prétendants puisqu'elle suspend ainsi le temps. L'arc d'Ulysse le remet en marche, sa flèche devient une aiguille dont on ne peut défaire le travail mortel. Le mythe de Pénélope se situe peut-être ici, dans sa résistance au temps des hommes, ce qui explique pourquoi Ulysse manifeste tant d'empressement à fuir le lit conjugal, de crainte de s'y trouver à nouveau immobilisé, mais sans dieu pour intercéder en sa faveur, cette fois-ci.

Chapitre 6

Œdipe et les mensonges de Tirésias

S'il revenait à notre époque, un citoyen de l'Athènes antique s'étonnerait de voir figurer ici Œdipe, un héros tragique, dans le prolongement des principaux personnages des épopées d'Homère. Depuis Aristote, un héros tragique n'appartient plus au domaine du mythe. Dans sa *Poétique,* le philosophe affirme qu'un auteur tragique ne peut toucher aux mythes, tout au plus a-t-il le droit d'emprunter des sujets inscrits dans la mythologie. Pour nous, modernes, cette confrontation de variantes d'un mythe va de soi, puisque notre rapport à celui-ci ne repose plus sur un acte de foi. Par conséquent, comme l'expose Northrop Frye dans *Le grand code* (cf. chapitre 1), les leçons qu'on y trouve ont perdu leur valeur prescriptive, le mythe dévoilant une leçon d'ordre analogique. Roland Barthes légitime cette position sans équivoque dans *Le plaisir du texte* : « Tout récit ne se ramène-t-il pas à l'Œdipe ? [...] Raconter, n'est-ce pas toujours chercher son origine, dire ses démêlés avec la Loi, entrer dans la dialectique de l'attendrissement et de la haine[1] ? »

L'histoire d'Œdipe fascine, encore et toujours. On connaît le mécanisme infernal condamnant sans appel celui qui commet à son insu le parricide et l'inceste. Peut-être ce mythe répond-il à la plus fondamentale des questions : d'où viennent les humains ? L'analyse structurale de Claude Lévi-Strauss révèle cette « évidence ». Le célèbre essai de cet anthropologue, *Anthropologie structurale,* isole les principales unités constitutives du mythe : ses mythèmes. Sa démonstration oppose d'abord les liens de parenté surestimés (par exemple, la quête de Cadmos[2] pour retrouver sa sœur, l'inceste d'Œdipe, le sacrifice d'Antigone pour ensevelir son frère) aux liens dévalués (tels le meurtre de Laïos par son fils et la lutte fratricide entre Étéocle et Polynice). Ensuite, Lévi-Strauss suggère une équivalence entre les monstres qui menacent les premiers habitants de Thèbes et les héros qui souffrent de boiterie ou dont la marche dévie de son cours normal[3]. De cette étude des structures de la pièce, Lévi-Strauss conclut que le mythe d'Œdipe réconcilie deux hypothèses : l'homme naît-il de la terre ou provient-il de l'union d'un homme et d'une femme[4] ?

---

1. Roland Barthes, *Le plaisir du texte*, Paris, Seuil, coll. Points, 1973, p. 75-76.
2. Fondateur de Thèbes.
3. René Girard y verrait l'évocation du statut ambigu du bouc émissaire, à la fois semblable et différent de ceux qui le désigneront comme victime d'un sacrifice purificateur.
4. Voir Claude Lévi-Strauss, *Anthropologie structurale*, Paris, Plon, 1958. Notons au passage que, dans la tradition

Sans prétendre répondre à des questions aussi primordiales, nous nous intéressons tout autant à l'essence du mythe d'Œdipe, mais dans une perspective plus littéraire qu'anthropologique. L'étude de la forme fluctuante de la représentation du destin du héros, Œdipe lui-même, ouvre quelques portes dérobées dont l'éclairage trop intense dirigé vers le mythe tragique ne permet pas de déceler la présence. « De toutes les lectures, c'est la lecture tragique qui est la plus perverse : je prends plaisir à m'entendre raconter une histoire *dont je connais la fin* : je sais et je ne sais pas, je fais vis-à-vis de moi-même comme si je ne savais pas : je sais bien qu'Œdipe sera démasqué [...] *mais tout de même*[5]... », affirme pareillement Barthes. Une histoire que tout le monde connaît ? Encore faudrait-il s'entendre sur la nature de ses articulations ou sur l'interprétation à en donner, surtout depuis Freud. Le complexe d'Œdipe, sur lequel le fondateur de la psychanalyse construit son modèle de la libido, contamine justement la compréhension du mythe d'Œdipe[6]. De ce point de vue,

> [l]'événement capital qui domine cette histoire refoulée de la vie sexuelle infantile est une

hébraïque et chrétienne, le premier humain, Adam (dont le nom signifie « de la terre »), est né de la poussière que Yahvé a animée de son souffle divin après l'avoir modelée « à son image et à sa ressemblance ».

5. Roland Barthes, *op. cit.*, p. 76.
6. Dans *Jocaste reine*, déconstruction à plusieurs niveaux du mythe d'origine, Nancy Huston commente cette interprétation par le biais du coryphée, qu'elle désigne du nom de *pythanalyste*, belle contraction de *pythie* (prêtresse de l'oracle de Delphes) et *analyste*, parfois utilisé pour désigner un psychanalyste.

> attirance sexuelle vers la mère doublée d'une haine du père qu'on baptise complexe d'Œdipe et dont l'existence et le rôle dans notre vie constituent l'une des affirmations majeures du freudisme, laquelle peut se résumer ainsi : la pulsion érotique [...] se porte en premier lieu sur la mère [...]. Jusqu'au jour où ces pulsions du petit Œdipe se heurteront au père, qui, de ce fait, s'attirera la haine de son fils. [Celui-ci] en viendra à désirer infantilement la mort du père, qui lui assurerait la possession exclusive de sa mère[7].

En tant que mythe littéraire[8], Œdipe vit cette entreprise épique d'une manière qui suscite de nombreuses questions quant à son rôle et à sa fonction. Devançons un peu notre propos en disant que la première et principale question qu'on peut

---

7. Mikhaïl Bakhtine (V. N. Volochinov), *Écrits sur le freudisme* (trad. Guy Verret), Lausanne, L'Âge d'Homme, 1980, p. 126-127. Selon Frederick Ahl, l'argumentation de Freud et sa définition d'un complexe universel paraissent plus fidèles à la version de Sénèque. Dans le cas de la version de Sophocle, l'inceste est avoué par Jocaste elle-même et n'a donc rien de latent. De même, Sauge souligne que la version originale grecque de la prophétie que reçoivent Jocaste et Laïos mentionne le meurtre des parents, mais pas l'inceste, menace dont seul Œdipe aurait été averti.
8. Au nombre des auteurs ayant consacré des pièces à Œdipe, mentionnons Corneille, Dryden, Voltaire, Hoffmannsthal, Gide, Cocteau (auteur de *La machine infernale* et du livret de l'opéra *Œdipus Rex* de Stravinski). Les compositeurs ne sont d'ailleurs pas en reste : Sacchini, Enesco, Orff, sans parler d'une chanson des Doors, "The End". Henry Bauchau a par ailleurs imaginé un roman, *Œdipe sur la route*, adapté au théâtre et à l'opéra, qui fait le pont entre *Œdipe Roi* et *Œdipe à Colone* (Actes Sud, 1990).

poser touche à sa culpabilité en ce qui concerne le meurtre de Laïos ; car, il faut l'admettre, un bon avocat disposerait d'arguments concrets pour innocenter Œdipe, ce fils de « personne », dont on peut dire qu'il partage bien des traits avec Ulysse.

Les œuvres tirées du mythe d'Œdipe forment probablement le corpus le plus commenté de tous les temps. Du carrefour où se rencontrent, voire s'affrontent, diverses traditions de lecture, il ressort parfois un portrait contradictoire du héros éponyme. Combiner quatre de ces approches permettra cependant d'éclairer son statut paradoxal : celles de Jean-Pierre Vernant[9], d'André Sauge[10], de Frederick Ahl[11] et de René Girard[12]. Précisons que ces chercheurs fondent leur approche sur la mise en parallèle des diverses versions de l'histoire d'Œdipe.

Il importe à ce stade de rappeler que les mythes donnent régulièrement lieu à des versions concurrentes sans que cela pose le moindre problème. Nous ne nous situons pas ici sur le terrain de l'orthodoxie religieuse. De même qu'on présente parfois Jocaste[13] sous un autre nom, les aventures vécues par Œdipe peuvent différer d'un auteur à l'autre, comme nous l'avons vu dans les

9. Jean-Pierre Vernant, *L'univers, les dieux, les hommes. Récits grecs des origines*, Paris, Seuil, 1999, 250 p.
10. André Sauge, *Sophocle lecteur de Freud*, Berne, Peter Lang, 2009, 249 p.
11. Frederick Ahl, *Two Faces of Œdipus. Sophocles'* Œdipus Tyrannus *and Seneca's* Œdipus, Ithaca et Londres, Cornell University Press, 2008, 266 p.
12. René Girard, *La violence et le sacré*, *op. cit.*
13. Voir plus haut, chap. 1.

cas d'Ulysse et de Pénélope. Dans une version, on place le nouveau-né Œdipe dans une corbeille pour le lancer à la mer, depuis la côte septentrionale du Péloponnèse (schéma dramatique semblable à celui qui, chez les Hébreux, fait de Moïse un enfant sauvé des eaux du Nil). La reine de Corinthe, Périboea (aussi appelée Mérope), le recueille, et elle et le roi Polybe font de lui leur fils. Une autre version montre l'enfant exposé, nu dans un pot, en plein hiver, sur le Cithéron, une montagne voisine de Thèbes, sa ville natale. Des bergers corinthiens l'amènent auprès de Polybe, roi sans héritier et désireux d'assurer sa succession. Sophocle propose plutôt qu'un serviteur du palais a confié l'enfant à des bergers corinthiens de passage. Au premier chef, le dramaturge oppose des personnages venus de *là* (Corinthe) et d'*ici* (Thèbes) et les appelle à livrer un témoignage incriminant et intimidant, si l'on considère que de pauvres gens sont placés en présence d'un roi. Le premier souci d'un auteur de théâtre est de construire un drame fort, serré, réalisable sur une scène au gré des moyens disponibles (en l'occurrence des personnages identifiables par le public) ; ce souci esthétique l'emporte sur la fidélité aux sources où il a puisé le motif de sa pièce[14].

---

14. Comme on le verra plus bas (voir note 27), les trois grands tragédiens du ve siècle av. J.-C. traitent des personnages de la famille de Laïos (Œdipe, Jocaste, leurs fils fratricides Polynice et Étéocle, leur fille Antigone, etc.) : Eschyle dans un cycle de quatre pièces (dont seule reste *Les Sept contre Thèbes*), Sophocle dans *Œdipe Roi*, *Antigone* et *Œdipe à Colone*, Euripide dans le prologue des *Phéniciennes*, dans *Les Bacchantes,* qui remonte dans le passé lointain de Thèbes, et dans une pièce aujourd'hui perdue, *Œdipe*, écrite

Homère, le premier, mentionne les funérailles du roi déchu de Thèbes au chant XIII de l'*Iliade* et consacre quelques vers du chant XI de l'*Odyssée* à résumer, à travers les yeux d'Ulysse de retour de chez Hadès, les principaux épisodes de ce mythe. Bien que le suicide de Jocaste figure déjà dans cette version, antérieure de près de quatre siècles à celle de Sophocle, la punition d'Œdipe se résume à la folie, sans mention de son aveuglement volontaire : « À Œdipe, elle laissa, derrière elle, maintes et maintes souffrances, toutes celles qu'accomplissent les Érinyes d'une mère » (*Odyssée,* XI, 279-280).

De même, certains théoriciens de l'intertextualité suggèrent que les monuments de la littérature anticipent les œuvres futures qui naîtront en réponse à des brèches qu'elles ouvrent. Le potentiel fabuleux des œuvres d'Homère inspire entre autres Virgile, huit siècles après lui, pour la réalisation de son *Énéide* puis, encore treize cents ans plus tard, Dante[15] dans sa représentation des enfers : « Du point de vue de l'histoire littéraire ou des relations entre les écrivains anciens et plus récents, la manière dont Homère anticipe une histoire qui sera racontée plus tard témoigne d'une remarquable

---

vers 407, soit un quart de siècle après celle de Sophocle, qui fait aujourd'hui office de point de référence. On sait aussi que des récits épiques ont eu cours auparavant, notamment l'*Œdipodie* (aussi appelée *Geste d'Œdipe*), la *Thébaïde*, et *Les Épigones*.

15. Dante Alighieri, dont la vie chevauche les XIIIe et XIVe siècles, est le premier poète italien. Dans *La Divine Comédie,* il se met en scène, en compagnie de Virgile.

imagination[16] ». Selon ce point de vue, les épopées homériques contiennent le germe de la Thébaïde, mais le même constat vaut pour le chef-d'œuvre de Sophocle. Dans son *Sophocle lecteur de Freud,* Sauge démonte ainsi la lecture conventionnelle de cette tragédie pour y étudier quelques dérives qui anticipent le travail psychanalytique.

Bref, les origines de l'histoire des ancêtres et des descendants d'Œdipe remontent à la nuit des temps ; les détails qu'on en connaît occupent une place de choix dans *La bibliothèque* d'Apollodore et constituent le sujet central de six des tragédies antiques parvenues jusqu'à nous. Il en ressort qu'Œdipe possède à un degré extrême les qualités de victime émissaire. La généalogie du plus célèbre de tous les boiteux expose, sans jeu de mots, une suite ininterrompue d'unions marquées par « une nécessaire intrication de la guerre et du mariage[17]. » Sa malédiction, il l'hérite d'ancêtres qui accumulent les actes contre nature et les délits envers les dieux, mais il reçoit aussi en partage un sang royal dont le mélange se compose des vertus de Zeus, d'Arès et d'Aphrodite[18].

---

16. Sanford Budick, “The Prospect of Tradition : Elements of Futurity in a *Topos* of Homer and Virgil”, (trad. Sophie Rabau), *New Literary History*, n° 22, 1991, p. 31.
17. Jean-Pierre Vernant, *op. cit.*, p. 210.
18. L'établissement de l'histoire de la fatalité qui pèse sur Œdipe déborde le cadre de la présente étude. Pour une présentation détaillée, voir Jacques Desautels, *Dieux et mythes de la Grèce ancienne*, Québec, PUL, 1988, pages 369-380 et Tableau 1, p. 599. Sur ce point précis, voir aussi le schéma du héros type que dresse Otto Rank dans *Le mythe de la naissance du héros*, suivi de *La légende de Lohengrin*, Paris, Payot, 2000, p. 95-96.

Facile, en apparence, de résumer l'intrigue d'*Œdipe Roi,* qui passe pour la tragédie par excellence du destin. Le sort s'acharne sur ce héros sacrifié dès sa naissance en vertu d'une prédiction qui l'oblige à sanctionner, malgré lui, une faute commise par son père. La nécessité narrative (il faut bien que le mythe s'accomplisse) lui permet d'échapper à la mort, grâce à une série de négligences, de la part de Laïos, de Jocaste, puis du berger chargé de l'éliminer. Élevé à Corinthe par un roi et une reine attentionnés, Œdipe concentre sur sa personne un amalgame de vertus supérieures : intelligence, noblesse, abnégation. Il les exerce en fuyant ses parents adoptifs, après avoir appris la malédiction qui pèse sur lui : tuer son père et lui succéder dans le lit de son épouse, sa propre mère. Ces rouages huilés par les dieux le mènent d'abord jusqu'à Laïos, puis à Jocaste, en passant par une rencontre fulgurante avec la Sphinge.

Voilà d'où part Sophocle. Il met en scène « un homme pour qui l'aventure de la réflexion, du questionnement, est toujours à tenter. On n'arrête pas Œdipe. Il va donc mener une enquête, comme une enquête policière[19]. » Dans cette enquête,

19. Jean-Pierre Vernant, *op. cit.*, p. 203. De nombreux auteurs attribuent la paternité du genre policier à Sophocle. Didier Lamaison s'est d'ailleurs totalement prêté au jeu en écrivant un polar titré *Œdipe Roi* (Gallimard, Série noire n° 2355, 1994, repris en Folio policier, n° 401, 2006). La couverture porte la mention « traduit de Sophocle ». Même si, dans le cas d'*Œdipe Roi,* on ne peut parler d'un *polar*, le personnage type occupe les trois pointes du triangle meurtrier/victime/détective propre au genre. L'énigme de la Sphinge trouve ainsi une nouvelle illustration.

le roi de Thèbes découvre vite qu'il incarne le criminel que tous recherchent. Toutefois, « [t]out récit policer qui se respecte prévoit une fausse piste pour égarer le lecteur[20]. » Dans ce cas-ci, un réseau d'indices transforme Œdipe en victime, indices dont il accepte la véracité sans toujours bien évaluer leur portée réelle. Ce héros si prompt à proclamer son intelligence se révèle particulièrement inepte le moment venu de mener un raisonnement à son terme. Le dévoilement abrupt de la vérité, pour lui en tout cas, se réalise au gré d'une panoplie de raisonnements « boiteux », dont la complexité se prête aux interprétations les plus diverses. Œdipe incarne l'homme soumis aux forces d'un discours dont l'ambiguïté le mène sans arrêt à de nouveaux carrefours, selon Sauge ; Œdipe mélange les trois grandes étapes de la vie, selon Vernant ; Œdipe sert de victime expiatoire pour liquider la violence collective, selon Girard ; Œdipe se trouve malgré lui mêlé à un jeu politique qui redit les soubresauts qui suivent le règne de Périclès, selon Ahl. Selon Girard, avec qui Ahl est d'accord pour lier le conflit fictif à un conflit de la société réelle, la peste camoufle une violence réciproque analogue à la guerre. Ahl y voit, plus concrètement, un écho de la maladie qui sévit réellement à Athènes, à partir de l'an 429[21]. Pour sa part, Sauge liquide en quelques

20. Mark Anspach, *Œdipe mimétique*, Paris, de l'Herne, 2010, p. 40.

21. Ahl montre comment Sénèque reprend et actualise le propos de l'œuvre de Sophocle pour l'ajuster aux réalités romaines du premier siècle de l'ère chrétienne.

phrases assassines l'hypothèse de Girard. En bout de course, Œdipe existe sur la ligne de partage entre divers principes esthétiques. En ce personnage se livrent plusieurs combats où s'affrontent vérité universelle et vérité personnelle. Est-il simplement la représentation d'une entité générique, somme de traits caractéristiques d'une case typologique, ou plutôt la description d'un individu à part entière ? Dans sa course folle contre lui-même, peut-on dire qu'il respecte ou qu'il refuse les règles que lui imposent la société des hommes et l'univers des dieux ? Ce héros confond en sa fibre la raison proclamée et les émotions mal assumées, il passe sans cesse de la mesure à la démesure. En bout de course, Œdipe procède à un véritable aveuglement de son intelligence.

Les indications abondantes de son ambivalence confirment que cette histoire extraordinaire isole un homme qui cherche à échapper au pouvoir de sa destinée. Bien qu'on l'interroge sans arrêt, ce héros pose des questions encore plus nombreuses. Comme dans le cas des mythes homériques, le travail d'analyse requiert une relecture qui vise à « démasquer » les récits. Ainsi, il importe d'abord de déterminer le plus concrètement possible le propos du mythe, quitte à comparer ses diverses versions. Ce faisant, on y isole plusieurs récits plus ou moins fragmentés.

Œdipe en procès

L'ouverture de la pièce dévoile l'incapacité d'Œdipe à résoudre le principal problème que lui soumet son peuple, la peste. Après avoir consulté l'oracle, Créon en indique une cause : le mystère de la mort de Laïos n'a pas été élucidé ni le régicide puni. Créon, beau-frère du roi, œuvre dans l'ombre pour assurer la stabilité du pouvoir en cette période de crise. À terme, l'aveuglement et l'exil d'Œdipe confirment la réussite de ce projet actantiel implicite, le seul que la conclusion de la pièce couronne de succès. En effet, Créon obtient le pouvoir après une suite d'événements aux allures de coup d'État camouflé en manifestation de la justice divine. Ce projet sous-jacent se dissimule bien entendu derrière la description de la chute d'Œdipe. Le déroulement complexe de l'action centrale comporte son lot d'éléments en apparence incohérents. Le roi se trouve en butte à un devin qui avait été vaincu plus tôt sur son propre terrain, incapable de résoudre l'énigme de la Sphinge. À cet égard, la version de Sénèque se révèle particulièrement explicite : Œdipe y discrédite publiquement Tirésias lorsque celui-ci suggère la responsabilité du roi dans la peste.

Ces deux premiers projets en esquissent un nouveau, fondamental pour le dénouement de l'intrigue. Celui-ci décrit comment Tirésias prend sa revanche à l'endroit d'un homme frappé à répétition par le malheur. Il se montre impitoyable à l'égard de son adversaire lorsque ce dernier interprète mal une série de données à propos de son origine, de la mort de Laïos et de l'identité de Jocaste. Dans sa version, Sénèque rapproche l'un de l'autre ces personnages, tous deux aveugles, chacun à son heure : Manto[22],

22. Le nom des personnages mythologiques désigne parfois leur fonction. La mantique (*mantikèn*, en gec) est l'art du devin, c'est-à-dire la faculté de connaître l'avenir par inspiration

la fille de Tirésias, accompagne son père dès son entrée sur scène. Elle établit implicitement un parallèle avec le destin qui attend Œdipe, à la fin de la pièce, lorsqu'il quitte la ville, guidé par sa fille Antigone.

Par contre, l'échec passé de Tirésias découle de la nature même de la question de la Sphinge. Cette question ne sert qu'à identifier l'éventuelle victime du courroux divin. Au strict plan actantiel, Tirésias possède le talent de répondre de façon suffisamment ambiguë, du début à la fin de la tragédie, pour paraître avoir raison à tout coup. Surtout, il finit par convaincre Œdipe de convenir de sa culpabilité sans plus discuter la validité de preuves qui ne s'accumulent contre lui qu'en apparence. Les analyses de Sauge et d'Ahl, que nous combinons ici, vont jusqu'à remettre en question le crime même d'Œdipe. La logique d'Ahl reprend et invalide tous les arguments qui servent à convaincre ce héros réputé pour sa clairvoyance de se condamner lui-même[23]. Il suggère un Œdipe victime d'un coup monté (hypothèse qu'Œdipe formule d'ailleurs dans la pièce de Sénèque) :

> Voici je les tiens / Je les tiens les comploteurs / C'est une conjuration / [...] / Les dieux servent à couvrir leur coup d'État / Et le sceptre te revient[24].

Cette hypothèse trouve des échos de plus en plus fréquents chez d'autres critiques et recoupe, il n'est

divine. Le suffixe *-mancie* est de même origine (cartomancie, nécromancie, oniromancie, etc.).

23. Ahl décrit Œdipe comme un "*self-destructive hero*", p. 40.
24. Sénèque, *Œdipe. Théâtre complet,* traduction de Florence Dupont, Actes Sud, coll. Thésaurus, p. 815.

pas inutile de le répéter, les conclusions issues des théories de René Girard. Pour celui-ci,

> [l]'analyse essentielle est celle des rapports hostiles entre Œdipe et Tirésias. C'est très visiblement une rivalité mimétique, source d'une symétrie toujours plus violente entre les deux voyants qui s'imitent perpétuellement l'un l'autre, leur haine redoublant à chaque réplique. Les deux hommes se ressemblent déjà au départ et plus encore à l'arrivée. C'est pour parfaire cette ressemblance avec son rival aveugle, dirait-on, qu'Œdipe se crève les yeux... Un processus analogue s'amorce avec Créon[25].

La tradition littéraire, pour ainsi dire établie comme dogme, couvre cette tragédie de ce que Mark Anspach appelle métaphoriquement « ses habits familiers[26] », ce dont l'en dépouille l'analyse

25. René Girard, « Préface », dans Mark Anspach, *op. cit*, p. 10. Nous entendons d'ailleurs exposer les arguments qui valident la pertinence de cette hypothèse, et en ajouter quelques-uns de notre cru.
26. Mark Anspach, *op. cit.*, p. 48 ; Anspach ajoute que « [p]endant deux ans, Frederick Ahl a pratiqué une démarche analogue au sein d'un vrai cadre expérimental, avec ses étudiants en littérature grecque. L'expérience portait sur la tragédie de Sophocle plutôt que sur le mythe. À certaines classes, Ahl a fait lire une traduction classique d'*Œdipe Roi*, mais à d'autres il a fourni une version où les noms des personnages et des lieux avaient été altérés. Or, même si à chaque fois il a présenté la pièce comme l'histoire d'un homme ayant découvert qu'il avait tué son père et contracté un mariage incestueux, Ahl a observé une différence marquée dans les attitudes respectives des étudiants : "Ceux qui ont eu la version déguisée ont lu la pièce beaucoup plus attentivement

textuelle, confirmant au passage l'immense richesse de ce chef-d'œuvre. Répétons d'ailleurs, avant de poursuivre cette présentation, que les importantes contradictions entre plusieurs témoignages et la manière dont ils sont obtenus suffiraient sans peine, lors d'un procès en bonne et due forme, à innocenter ce descendant de Cadmos du crime qu'on le force à assumer.

Deux projets secondaires complexifient l'intrigue de la pièce, tant dans la version de Sophocle que dans celle de Sénèque. Le premier, exposé dès l'ouverture, correspond au désir du peuple qu'on mette fin à la peste. En bout de course, rien ne confirme, ni même ne suggère, que ce fléau est éradiqué, malgré la punition que s'impose Œdipe. L'interprétation des analystes varie ici selon que la maladie est entendue ou non en son sens métaphorique, soit qu'Œdipe en soit la cause ou le catalyseur. Il reste à évoquer la fin désastreuse de l'existence de Jocaste. Que les multiples versions du mythe mentionnent ou omettent l'aveuglement et l'exil de son fils, le suicide de Jocaste en constitue la seule constante[27]. Comme Nancy Huston le suggère

---

que ceux qui savaient d'emblée qu'ils lisaient la tragédie de Sophocle." »

27. Voici quelques variantes importantes. Dans *Les Phéniciennes* d'Euripide, Jocaste ne se pend pas au moment de la révélation de l'identité de son époux. Elle assiste ainsi à la rencontre entre Étéocle et Polynice, avant leur affrontement fatal. Œdipe, aveugle, vit toujours et chante les louanges de ses fils après leur mort. Dans *Les Sept contre Thèbes*, Étéocle choisit d'affronter Polynice (alors que ce devait être le fruit d'un oracle). La tétralogie perdue d'Eschyle, composée des pièces *Œdipe*, *Antigone*, *Les Sept*

implicitement dans son *Jocaste reine,* on tient peut-être ici une indication qu'il existe un second bouc émissaire, dont le sacrifice ouvre véritablement les yeux du roi déchu.

Ces premiers constats actantiels mènent tous les commentateurs à souligner que le noyau du récit camoufle peut-être la véritable teneur de cette tragédie, qui expose des jeux de pouvoir et de démagogie. Pour les synthétiser, disons que la véritable question ne semble pas être « qui a tué Laïos ? », question qui ne trouve qu'une réponse ambivalente, mais bien « qui va le remplacer ? » Ici aussi, les nombreux écarts entre la perception du mythe et la lettre des sources disponibles suggèrent que soit l'interprétation se fonde sur un désir culturel de surinvestir le rôle de la fatalité, soit

---

contre Thèbes, *Tirésias* (un drame satirique dans lequel Œdipe aurait une seconde épouse : Euryganie), proposait de nombreuses distorsions. Dans la version des *Phéniciennes* de Sénèque, comme chez Euripide, Œdipe est toujours vivant au moment où ses fils préparent leur affrontement (alors qu'il meurt à la fin d'*Œdipe à Colone*, chez Sophocle, soit avant la lutte fratricide). Dans la tragédie perdue d'Euripide, on croit savoir que ce sont les gardes de Laïos qui crèvent les yeux d'Œdipe. Aurait-il été aveugle au moment de répondre à la question de la Sphinge ? Chez Euripide, à la différence de chez Sophocle, c'est Mérope qui reçoit l'enfant des mains du berger, ce qui pourrait laisser entendre que la paternité de Polybe serait là un enjeu dans la mesure où il se croirait réellement père d'Œdipe. Chez Sénèque, enfin, Jocaste se suicide à l'aide d'une épée, qu'elle s'enfonce dans l'utérus : « Où frapper ? Au cœur ? À la gorge ? / Tu ne sais pas choisir ? / C'est ici / Ici / Que tu dois enfoncer ton arme / Ici / Dans ce ventre vorace et fécond / Où mari et fils / Tu l'as porté, tu l'as subi », Sénèque, *op. cit.*, p. 851-852.

cette tradition fait écho à certains des aspects de versions perdues[28].

Déconstruire le mythe d'Œdipe impose d'observer l'articulation des oppositions culturelles fondatrices qu'expose Girard. À cette enseigne, à quel point Œdipe constitue-t-il un être véritablement mené par le désir inconscient de tuer son père et d'épouser sa mère ? Enfin, pourquoi Œdipe valide-t-il les témoignages, parfois contradictoires, qu'on lui soumet pour conclure à sa culpabilité des crimes dont l'accuse l'oracle ?

La vraie quête de la vérité, ou les dangers du sens premier

La quête de vérité débute de manière presque banale, alors qu'une remarque proférée par un ivrogne, lors d'une fête au palais du roi de Corinthe, bouleverse Œdipe. Est-il ou non un bâtard ? La réponse que formule l'oracle qu'il consulte ne concerne pas le passé, mais l'avenir : il tuera son père et épousera sa mère. Comme le soulignent les commentateurs, Œdipe réagit de manière contradictoire, puisque ses doutes légitimes sur l'identité réelle de son père ne le conduisent pas

28. Fidèle à son hypothèse, Ahl soutient que la dimension mythique camouflerait un contenu historique plus concret. Il fait de cette tragédie un calque de la situation politique réelle au moment de la rédaction probable de la tragédie. Il suggère que Créon est un avatar de Cléon, acteur important de la politique athénienne, au moment de remplacer Périclès. Ahl justifie cette façon de voir par l'instauration des concours de tragédie par Pisistrate, un siècle plus tôt. Ce faisant, Pisistrate minerait la crédibilité des mythes en montrant leur variabilité.

à discuter la portée de l'oracle. Pourquoi fuit-il un homme qu'il soupçonne justement de ne pas être son père ? Plus tard, lorsqu'un messager de Corinthe confirme la mort de Polybe, cette irruption dans la tragédie renforce le thème de la prédestination. Du coup, ce messager réclame le retour au pays de celui qu'on considère comme l'héritier légitime du trône. Le refus d'Œdipe de le suivre repose sur un nouveau raisonnement fallacieux. En effet, il affirme qu'il ne désire pas réaliser la seconde portion de l'oracle : « ne compte pas que jamais je rejoigne mes parents [...] J'ai bien trop peur que Phoebos se révèle véridique[29] ». Pourtant on vient de lui confirmer que la mort du roi ne l'incrimine d'aucune façon. Bref, Œdipe comprend-il mal ce qu'on vient lui apprendre ou pressent-il qu'on peut malgré tout lui imputer la mort de Polybe ?

Ahl suggère que Polybe serait mort de chagrin. En effet, dès l'annonce du décès du roi de Corinthe, Œdipe s'informe : « Complot ou maladie[30] ? » La réponse qu'il reçoit paraît le mettre en cause indirectement. Le messager mentionne la fragilité du roi, qui ne serait pas mort de maladie, mais de longues années de malheur, ce à quoi aurait contribué Œdipe en abandonnant celui qui se considère son père véritable. Si cela s'avère, l'actuel roi thébain craint à juste titre son retour à Corinthe. En effet, hériter du trône revient à coucher avec sa mère, symbole d'une union politique. Il ne faut

29. Sophocle, *Œdipe Roi. Tragédies* (trad. Paul Mazon), Paris, Gallimard, 1992, p. 218.
30. *Ibid.*, p. 216.

pas négliger le fait que Jocaste elle-même supplie presque Œdipe de ne pas « redoute[r] l'hymen d'une mère : bien des mortels ont déjà dans leurs rêves partagé le lit maternel[31]. » Non seulement Jocaste formule-t-elle, très longtemps avant Freud, la fameuse question œdipienne, mais elle en minimise la portée en la reléguant au domaine du fantasme, du rêve. L'entièreté du problème réside ainsi dans le fait qu'on offre un nouveau trône à Œdipe.

On voit aisément que, bien qu'elle ait été la première à s'opposer aux interrogations d'Œdipe, Jocaste ne cherche pas à freiner son enquête, mais à l'empêcher de se livrer à une étude du « vrai sens » des mots. Elle agit alors véritablement comme une mère avec un enfant récalcitrant, dans le but de le forcer au silence : « Malheureux ! Qu'avez-vous à soulever ici une absurde guerre de mots ? [... *À Œdipe.*] Allons, rentre au palais[32]. » Pour l'heure, si celui qu'elle infantilise ainsi ne saisit pas que l'oracle se réalise déjà, Jocaste se révèle par contre pleinement consciente de la précarité de sa propre position. Pour la reine, les conséquences

31. *Ibid.*, p. 217. L'inceste fait l'objet d'une prohibition quasi universelle. Au-delà des problèmes de consanguinité qu'il peut entraîner, on peut lier cet interdit aux alliances que permet de tisser le mariage. Si l'aristocratie pratique l'inceste (les pharaons) ou, du moins, l'endogamie (les monarchies européennes jusqu'à tout récemment), c'est précisément parce que le pouvoir ne doit pas changer de lieu, de famille. Les récits mythologiques fourmillent de relations consanguines : que l'inceste soit prohibé (avec les châtiments que l'on sait pour Jocaste et Œdipe) contribue à la frontière que nous signalions en ouverture de chapitre.
32. Sophocle, *op. cit.*, p. 206.

ne signifient rien de moins qu'une catastrophe. L'opiniâtre lutte pour le pouvoir se joue peut-être autant, sinon plus, entre Jocaste et Créon qu'entre Œdipe et Créon. De fait, Œdipe aurait beaucoup à gagner à réutiliser la stratégie qui l'a si bien servi au moment de quitter Corinthe[33]. S'il accepte alors de suivre le messager corinthien, il se lave les mains d'un crime non résolu et se sort sans coup férir d'une situation explosive pour accéder à un trône offert sur un plateau d'argent ; le plus éprouvé des hommes peut alors redevenir le plus chanceux d'entre tous. Jocaste, elle, perd sur tous les tableaux : qu'Œdipe quitte Thèbes ou qu'il demeure jusqu'à la conclusion d'une enquête qui le dépasse manifestement, elle tombe sous la coupe de Créon, son frère. Bref, on lève alors le voile sur une autre lutte mimétique, fratricide et secrète, car inavouée, lutte qui sert de toile de fond au conflit qui oppose plus tard Antigone et Créon.

Ce retournement de situation colossal lui ouvre en quelque sorte les yeux, au moment où Œdipe s'apprête à confirmer la véracité de l'oracle une seconde fois. La prophétie tragique se réalise donc à répétitions, dans des sens distincts ; pour son plus grand malheur, Œdipe s'avère coupable par action ET par omission. Le peu de discernement dont il fait preuve entache la réputation de clairvoyance qui lui colle à la peau, tandis qu'il se montre sûr de

33. Dans la version de Sénèque, cette option est ouvertement exposée par le messager corinthien. Il explique le rôle prévu pour Œdipe, dès le moment de son adoption : « Les rois ont besoin d'une descendance / Un fils leur assure une légitimité / Même aux tyrans » (*Œdipe. Théâtre complet,* p. 829).

lui dans ses paroles d'apaisement aux représentants du peuple, fort d'une autorité qu'il estime mériter depuis son éclatante victoire contre la Sphinge[34]. De fait, si Œdipe échoue dans sa tentative d'élucider l'énigme du meurtre de Laïos, il le doit peut-être à ce qui lui a aussi permis de résoudre celle de la Sphinge : il interprète tout au premier degré, et se montre toujours réticent à envisager la dimension métaphorique d'un message à la portée symbolique pourtant manifeste[35]. Ainsi, la question de la Sphinge constitue une métaphore des étapes de la vie, comme l'expose sans ambiguïté Vernant[36]. C'est pourquoi Œdipe quitte ses parents adoptifs sans demander son reste et refuse jusqu'au bout de s'interroger sur l'identité de ces hommes qu'il abat à un carrefour. Mais il a peut-être raison de refuser le mauvais rôle dans la mort de Laïos, suggère Ahl.

Approfondissons ici cette hypothèse qui ajoute une couche supplémentaire d'ambivalence à cette tragédie si bellement tordue. D'abord, question principale, combien y a-t-il de gens avec et contre

34. Tant Cocteau que Huston déconstruisent le mythe en ridiculisant ce supposé talent d'Œdipe. Cocteau montre une Sphinge séduite par ce jeune homme et qui lui souffle la réponse, au détriment de sa propre vie, plutôt que de le condamner. Huston met en scène un Œdipe bien moins vif que ses filles, surtout Antigone, pour résoudre les énigmes. Dans les deux cas, l'incapacité du roi à interpréter les indices de sa culpabilité annule son exploit antérieur. Ceci dit, on peut douter du caractère concluant de ces indices, pourtant présentés comme étant indiscutables.
35. André Sauge fournit plusieurs exemples d'analyse sémantique, lesquels confirment, dans la version en grec ancien, la façon dont Œdipe se dupe lui-même.
36. Voir Jean-Pierre Vernant, *op. cit.*, p. 208-211.

Laïos au moment de sa mort ? Y a-t-il, oui ou non, un survivant qui puisse témoigner de l'identité du coupable ? Pourquoi Œdipe, prétendument clairvoyant, n'approfondit-il pas plus avant son interrogatoire ? D'ailleurs, comment peut-il avoir oublié cinq meurtres, ou plutôt en conserver un souvenir diffus, même si des années le séparent des événements[37] ? Comme le fait remarquer Ahl, pourquoi un être aussi intègre qu'Œdipe ne remet-il jamais en question son crime initial ?

Par ailleurs, Œdipe affirme avoir tué tous les membres du groupe qui lui a bloqué le chemin, tandis que Créon prétend que « [t]ous sont morts, tous sauf un, qui a fui, effrayé, et qui n'a pu conter de ce qu'il a vu qu'une chose, une seule [que] Laïos avait rencontré des brigands et qu'il était tombé sous l'assaut d'une troupe, *non sous le bras d'un homme*[38]. » On touche à présent un point crucial de la discussion. Par contre, Sauge, lui, conclut d'emblée au mensonge de ce personnage peu loquace dans l'affaire du carrefour, sans remettre en question une fabuleuse coïncidence : il s'agit du même personnage que celui que Jocaste a chargé, plusieurs années plus tôt, de se débarrasser du jeune Œdipe. Ahl démontre quant à lui que Créon et Tirésias ne produisent jamais ce témoin, en dépit des demandes répétées d'Œdipe, au fur et à mesure que monte la

37. Combien d'années Œdipe règne-t-il sur Thèbes ? Sophocle ne le précise pas, mais sans doute suffisamment longtemps pour que ses fils deviennent adultes. Une indication se trouve toutefois chez Sénèque. Jocaste affirme : « C'était il y a neuf ans / à l'époque des moissons » (*op. cit.*, p. 826).
38. Sophocle, *op. cit.*, p. 188. Nous soulignons.

tension. Le personnage qu'on lui présente ne répond jamais aux questions que formule le roi thébain.

Selon Girard, il faut y voir une trace d'un monde où l'omniprésence de la violence la banalise. En tant que personnage mythique, Œdipe incarne une

> violence fondatrice [qui] constitue réellement l'origine de tout ce que les hommes ont de plus précieux et tiennent le plus à préserver. C'est bien là ce qu'affirment, mais sous une forme voilée, transfigurée, tous les *mythes d'origine* qui se ramènent au meurtre d'une créature mythique par d'autres créatures mythiques. Cet événement est perçu comme fondateur de l'ordre culturel. De la divinité morte proviennent non seulement les rites mais les règles matrimoniales, les interdits, toutes les formes culturelles qui confèrent aux hommes leur humanité[39].

De fait, ce meurtre primordial identifie un premier bouc émissaire, mais « amorce du même coup un autre cercle vicieux, celui du rite sacrificiel, qui pourrait être celui de la culture tout entière[40]. » Les insignes que porte Laïos lors de la rencontre fatidique l'associent au monstre primordial. Pareil au dragon qu'a dû abattre son ancêtre Cadmos[41] et dont les dents ont servi à donner naissance aux *spartoï,* l'ancien roi doit plier devant l'énergie du nouveau sacrificateur. Ce meurtre transfère

39. René Girard, *op. cit.*, p. 141.
40. *Loc. cit.*
41. La filiation généalogique s'établit ainsi : Œdipe, fils de Jocaste et Laïos, lui-même fils de Labdacos, fils de Polydoros, fils de Cadmos. Wajdi Mouawad en a tiré la pièce *Le soleil ni la mort ne peuvent se regarder en face* (Montréal, Leméac/Actes Sud, 2008, 117 p.).

toutefois la charge de violence émissaire sur les épaules d'Œdipe, qui doit l'expier à son tour.

Poussons ce raisonnement, non pas plus loin, mais dans une autre direction, pour appuyer à terme la théorie de Girard. D'abord, il y a ce jeu des coïncidences tragiques. Pourquoi le seul survivant du meurtre de Laïos est-il également celui qui devait liquider, autrefois, l'enfant aux pieds transpercés d'un lacet[42] ? Sans risquer une réponse à ce beau paradoxe, soulignons qu'en ce personnage se concentre une charge mortifère exceptionnelle. Le témoignage de ce vecteur de contagion gagne d'autant en importance. Dit-il la vérité, oui ou non ? S'il dit vrai et que Laïos a été tué par plusieurs hommes, la circulation paraît bien dense à ce carrefour. Comme si une masse indistincte s'y côtoyait, préambule à une éclosion de violence réciproque, assimilable à la peste qui afflige plus tard Thèbes. Par contre, s'il a menti, il faut admettre en toute logique qu'Œdipe ment également. En effet, celui-ci affirme n'avoir laissé aucun survivant : « et je

42. Plusieurs versions cœxistent à propos de l'exposition d'Œdipe, dont on aurait transpercé les pieds pour y passer un lacet ou un fil métallique et qui aurait été soit attaché à un arbre, soit planté dans le sol, ou directement remis à un berger corinthien par l'homme chargé de l'éliminer. Là encore, un flou existe quant à la nature de l'échange, don ou vente. La traduction de Maurice Véricel (*Œdipe Roi,* Bordas, 1970) précise que le berger a découvert Œdipe « dans un repli du Cithéron », p. 85 ; dans la traduction de Paul Mazon (Gallimard, 1992), ce messager ne mentionne pas où l'enfant a été trouvé. Un similaire paradoxe repose sur la mention, dans les deux cas, d'un échange. Bref, Œdipe a-t-il d'abord été abandonné puis trouvé ? Ou a-t-il été attaché, puis échangé ?

les tue tous[43] ». Bref, tel un ruban de Mœbius, cette histoire de carrefour… tourne en rond. Voilà pourquoi Œdipe cherche tant à interroger cet homme qui ressemble de plus en plus à un double inversé de lui-même. Œdipe ne clame-t-il pas juste avant son arrivée qu'il ne craint pas qu'on lui apprenne qu'il est un fils de rien ? Voilà aussi pourquoi cet indéniable intérêt s'évapore dès qu'on lui présente un prétendu témoin. Ce berger a beau rappeler le meurtre d'Œdipe, il évoque un autre crime qui place ce dernier dans la position de victime. Par conséquent, le berger hérite de Laïos, par Jocaste interposée, d'une paternité infectée. De ce témoignage ambigu découle, on le sait, une extrapolation. Tout le monde s'empresse de conclure, à la place du roi, qu'il a tué son père.

Qui Œdipe veut-il entendre, au juste, lorsqu'il réclame qu'on lui amène le survivant présumé de son accès meurtrier ? Il emploie quatre termes différents pour le désigner. Il parle d'abord d'un « témoin », puis d'un « berger », d'un « valet » et d'un « bouvier[44] ». Son impatience grandit jusqu'à ce qu'on produise, au moment le plus opportun, un homme qui ne dit rien à propos de ces meurtres et ne fournit aucune indication pour résoudre la question du nombre des assaillants. L'extraordinaire laconisme du mythe fait coïncider, on l'a dit, les deux entités recherchées en un seul personnage. On le présente en des termes, comme toujours, peu limpides. D'ailleurs, dans la version de Sénèque,

43. Sophocle, *op. cit.*, p. 212.
44. Sophocle, *op. cit.*, p. 194, 212, 213 et 221.

cet homme semble ignorer ce qu'on attend de lui et ce n'est qu'une fois soumis au supplice de la torche qu'il avoue à peu près n'importe quoi[45], comme si Œdipe le sacrifiait derechef.

Dans la tragédie de Sophocle, Œdipe implore presque le chœur pour qu'on le mette sur une piste. On vient de le mentionner, le Coryphée lui présente alors le berger qui l'a exposé. Même le Coryphée n'a l'air sûr de rien, alors qu'il tempère son affirmation, comme les marques de modalisation le suggèrent : « [j]e crois bien qu'il n'est autre [...][46] ». Les deux répliques suivantes opposent clairement un Œdipe qui hésite à croire à cette coïncidence et une Jocaste qui parle par antiphrases, en réponse à une question implicite de son époux :

> Œdipe – Tu sais, femme : l'homme que tout à l'heure nous désirions voir et celui dont il parle...
>
> Jocaste – Et n'importe de qui il parle ! N'en aie nul souci. De tout ce qu'on t'a dit, va, ne conserve même aucun souvenir. À quoi bon[47] !

De fait, devant le berger, Œdipe ne remet en aucun temps son témoignage en doute, alors qu'il n'a pas été question jusque-là de ses pieds enflés[48]. Qu'est-ce à dire ?

---

45. Sénèque, *op. cit.*, p. 238.
46. Sophocle, *op. cit.*, p. 220.
47. *Loc. cit.*
48. Dans la version de Sénèque, Œdipe parle de ses pieds déformés. Même constat, chez Huston. Dans l'un et l'autre cas, il en découle logiquement que Jocaste soupçonne depuis longtemps l'identité de son époux.

Et si le témoin et Œdipe disaient tous deux la vérité ? Ce témoin constituerait ainsi une sorte de double du roi. Ce serviteur à l'identité fragmentée côtoie d'abord Jocaste et assure la survie du fils, puis se trouve sur le lieu du meurtre de Laïos. Et si aucun des deux ne ment, deux crimes se produisent à peu près simultanément. Bien entendu, il existe plusieurs carrefours entre Thèbes et Corinthe, de sorte qu'il serait saugrenu de fouiller les textes en quête d'indices topographiques que, de toute façon, les tragédiens se garderaient bien d'indiquer. De même, la datation des événements constitue un enjeu important. Œdipe résout-il l'énigme de la Sphinge lors du même voyage au cours duquel il tue son père ? Encore une fois, on ne peut que se livrer à des spéculations. Ceci dit, la violence généralisée camouflée par la peste suggère qu'on commet simultanément plusieurs crimes, à l'un et l'autre des nombreux carrefours de ces routes qui mènent toutes à Thèbes. Créon lui-même se sent visé par les insinuations d'Œdipe, et pour cause, car il n'hésite pas à se salir les mains par la suite, dans *Antigone,* en liquidant l'héritage des enfants de l'ancien roi :

> ŒDIPE – Quand un traître, dans l'ombre, se hâte vers moi, je dois me hâter, moi aussi, de prendre un parti. Que je reste là sans agir, voilà son coup au but et le mien manqué.
>
> CRÉON – Que souhaites-tu donc ? M'exiler du pays[49] ?

49. Sophocle, *op. cit.*, p. 205.

Ainsi, Créon devine qu'Œdipe le soupçonne, puisqu'il le met au défi de lui imposer le châtiment promis au coupable du meurtre de Laïos. De même, chez Sénèque, Œdipe ordonne à ses gardes d'emprisonner son beau-frère[50].

Un Œdipe moderne, capable de pousser sa quête d'identité au point où il se rebellerait contre l'ordre établi, douterait plus longtemps, et mieux. Il échapperait certes au sort injuste dont on l'accable, mais parviendrait-il à épargner Jocaste ? Le suicide sanctionne apparemment un geste inaugural du jeu mimétique, geste qui concrétise l'identité entre rivaux dans un jeu de médiation dont la reine constitue les points de départ et d'arrivée. Au fil de l'enquête, Jocaste cherche tant bien que mal à s'immiscer dans la conversation pour prendre la place de son fils, pour échapper à son inertie objectale, autrement dit à un statut auquel on la confine. Telle Pénélope, elle se limite à être une récompense offerte dans le cadre d'un quiz existentiel : l'arc et la question des pieds ne couronnent pas n'importe qui, ni « personne », mais celui qui possède la bonne identité.

Une fois de plus, cette tragédie dévoile un pan de sa richesse tout en sous-entendus. Lui donner un sens, et un seul, paraît une injustice, tant ses niveaux de signification ouvrent cette œuvre dans toutes les directions. Rappelons enfin que Lévi-Strauss fait du mythe d'Œdipe, dans son ensemble, une méditation sur l'origine de la vie sur terre. Empruntons à sa manière pour conclure que, dans le cas de l'épisode que raconte Sophocle, ce mythe oppose deux villes,

50. Sénèque, *op. cit.*, p. 181.

l'une en paix, l'autre en guerre. Ce mythe traite aussi de l'importance qu'y joue une femme héritant du désir des hommes malgré elle, un désir qui ne parvient pas à se défaire de la violence.

Conclusion

Je ne sais plus en quels temps c'était, je confonds toujours l'enfance et l'Éden.

Léopold Sedar Senghor, *Éthiopiques*.

Mimétisme et métamorphose

Les chapitres précédents ont montré combien nos perceptions divergent en fonction des lentilles à travers lesquelles nous observons la littérature et ses mythes. Ainsi le rapport entre nature et culture se construit, depuis l'aube de la civilisation, en fonction d'une équation complexe qui combine le sacré et le profane. Sans être opposées, ces valeurs se définissent l'une par rapport à l'autre dans une logique d'exclusion. Dans une culture donnée, tout ce qu'on n'inclut pas dans le sacré, dans le domaine de la religion, se caractérise automatiquement comme profane. Toutefois, l'essence du sacré et celle du profane constituent des variables qui se chevauchent parfois. On a vu que le mythe et la science jouent des rôles complémentaires, dans des sociétés assujetties au domaine du sacré ou à celui du profane. Les récits dans lesquels s'inscrivent ces mythes dressent des ponts entre ces deux façons d'envisager le monde. C'est pourquoi nous avons exposé les motifs qui permettent d'établir une équivalence entre mythe et mythe littéraire.

Pour appréhender le mythe littéraire, nous avons surtout privilégié l'approche mimétique proposée dans les ouvrages de René Girard. Selon ce modèle, le mythe se caractérise d'abord par la conviction illusoire de l'existence d'un désir autonome, qui mènerait de manière authentique un héros vers l'objet de sa quête. De fait, l'essence même du désir exclut cette idée d'authenticité. Un héros désire quelque chose, mais quoi au juste ? Incapable de fixer lui-même son désir sur un objet, il préfère calquer son action désirante sur celle d'un médiateur, un modèle qui détermine à sa place ce qui constituera le fondement de sa quête. Cette médiation existe en deux modes distincts : externe et interne. Si la première catégorie de médiation ne présente pas de problème en vertu d'une supériorité fondamentale du modèle sur son sujet, la seconde s'avère nécessairement source de conflit.

L'application de cette grille d'analyse aux principaux héros homériques soulève diverses interrogations à partir desquelles nous avons analysé leurs actions, parfois d'emblée énigmatiques. Ces questions se résolvent grâce à l'identification des différents actants du triangle du désir mimétique. Loin d'invalider la grandeur et la richesse thématique et symbolique de ces héros, ce modèle les inscrit dans une démarche renouvelée qui déplie, en quelque sorte, leurs facettes obscures. Celles-ci sont camouflées par la noblesse réelle ou apparente de leurs motivations, par les dilemmes tragiques auxquels ils sont soumis, mais aussi par leur violence et leur instabilité

De la sorte, le comportement d'Achille trouve son sens dans l'atténuation de la valeur du désir que lui impose Agamemnon. Celui-ci commet à plus d'une reprise l'erreur de s'interposer entre Achille et sa compagne, reproduisant à l'intérieur du camp grec le triangle mimétique qui oppose les siens aux Troyens. L'originalité extrême d'Ulysse, sa modernité avant l'heure, suppose quant à elle qu'il migre presque à volonté d'un pôle à l'autre de ce triangle mimétique, tour à tour sujet, médiateur et objet, selon la nécessité du moment. Après avoir vu comment s'articulent les élans boiteux d'Agamemnon et de Télémaque, nous avons découvert comment Pénélope veille au bon ordre des désirs pressants à son endroit. Cette reine convoitée des années durant manifeste son génie dans la manière dont elle contrôle les aspirations de ses nombreux prétendants, au nombre desquels figurent son fils et son mari, à parts presque égales. Nous avons élaboré par la suite le modèle mimétique dans lequel s'inscrit Œdipe, à partir d'une série de réflexions critiques qui circulent depuis quelques années déjà. Le procès de cet être à la clairvoyance aveuglante dévoile certaines des issues du magnifique labyrinthe dans lequel il s'égare, entre Corinthe et Thèbes. Qu'à terme Créon triomphe des prétentions de son adversaire à dicter ses ordres à Jocaste et à son peuple dépend peut-être tout autant d'une culpabilité réelle du fils de Laïos que de sa crédulité.

L'éternel retour

On trouve partout des échos de la parenté qui unit Achille, Ulysse, Télémaque, Agamemnon, Pénélope, voire Œdipe et Jocaste. D'innombrables romans, mythiques ou mythologiques[1], reprennent ces personnages et les situations conflictuelles qu'ils ont affrontées en les déformant plus ou moins. On trouve aussi, de plus en plus, des commentateurs disposés à analyser la structure d'activités aussi diverses que les sports organisés ou la politique municipale pour identifier les motifs épiques ou les mythes s'y camouflant. Ces exemples suggèrent que l'esprit humain marche spontanément dans ses propres traces. Les héros mythologiques partagent des traits fonctionnels et symboliques avec des personnages de fiction contemporains, parce qu'ils ont des origines à peu près communes.

En effet, le mythe agit en tant que matrice. Des situations et des récits peuvent emprunter une forme itérative (c'est-à-dire répéter le modèle initial proposé par un récit mythique) en fonction du principe de l'éternel retour. Celui-ci se retrouve, dans des versions réifiées et déconstruites, médiatisé dans l'une ou l'autre des sphères culturelles. Dans

1. « Le roman se réfère aux mythes fondateurs de la façon suivante : le récit se contente de faire simplement la re-narration du mythe – on parle alors de *roman mythique* – ou alors le récit dont l'action est située dans l'époque contemporaine comporte des allusions précises à des motifs [...] distribués dans le texte de façon passagère ou constante [...] On parle alors de *roman mythologique*. » (Antoine Sirois, *Mythes et symboles dans la littérature québécoise*, Montréal, Triptyque, 1992, p. 8-9.)

une société marquée par le mythe, l'humain n'agit jamais seul. Dans chacun de ses gestes, il est à la fois lui-même et son ancêtre[2], ce qui confère du sens à ses gestes et les inscrit dans une dimension sacrée. En quelque sorte, les héros étudiés ici doivent leur immortalité non pas aux dieux, mais aux auteurs, mortels, qui assurent leur réincarnation, soit en poursuivant leurs aventures, soit en inventant de nouveaux personnages inspirés par leurs traits.

Dans un sens plus précis, l'idée de l'éternel retour postule que le principe divin s'incarne, c'est-à-dire qu'il s'installe dans un corps. Le héros épique devient alors l'hôte d'une présence qui transcende son existence. Athéna prend en otage le corps de Mentor, tout comme elle guide ses favoris et planifie la mort de ceux, tel Hector, qu'elle destine au sacrifice ; la même chose se produit dans une quantité phénoménale de livres, de films, de manifestations culturelles de tous ordres. On touche, avec cette idée de possession, à la forme la plus forte, la plus anthropomorphe de la représentation divine. Ce processus central dans les religions occidentales explique peut-être, en fin de compte, le fort sentiment d'identification que continuent à inspirer les héros, tels que ceux que nous venons de présenter. D'un point de vue presque

---

2. C'est-à-dire que l'individu a conscience de reproduire un geste fondamental, il place ses actions dans le sillage de ce qui a été inauguré par l'ancêtre. « Sans qu'il y ait réincarnation proprement dite, l'ancêtre revit en lui. » (Lucien Lévy-Bruhl, *L'âme primitive*, version électronique, p. 123, http ://classiques.uqac.ca/classiques/levy_bruhl/ame_primitive/ame_primitive.pdf. L'édition originale est de 1927.)

mystique, on pourrait dire que si une part de ces héros se réincarne dans des êtres fictifs (ou parfois réels) d'aujourd'hui, ce principe renvoie à une part immatérielle dans l'humain («esprit», «énergie», «principe vital», à défaut de dire «âme»).

Alors que Nietzsche énonce le concept de l'éternel retour au XIXe siècle[3], notre propos se rapproche plutôt de la conception de Mircea Eliade, pour qui l'éternel retour contrevient au temps concret, historique. Ainsi, les sociétés traditionnelles conçoivent des phases d'expulsion des péchés au cours desquelles on voue des victimes émissaires au sacrifice. L'attrait sans cesse renouvelé pour les héros épiques et les personnages qui les prolongent réside en leur pouvoir inaltérable de métamorphose, en leur passage de médiateur à victime. Bref, traquer le mythe de l'éternel retour au fil de cette étude relèverait de l'évidence: en soi, le mythe s'inscrit dans une logique, un cycle de répétition, et l'éternel retour est en quelque sorte le mythe par excellence en ceci qu'il traite de son caractère réitératif. Mais, par-delà cette évidence présumée, et grâce aux héros brièvement côtoyés ici, nous comprenons peut-être mieux la notion de nostalgie dans ses différentes déclinaisons.

Une héroïne pour notre temps: Antigone

Suggérons une nouvelle analyse d'un mythe et de sa transformation au gré de ses représentations littéraires. Antigone incarne depuis longtemps

---

3. En particulier dans son récit autobiographique *Ecce Homo* (Paris, Gonthier, 1982, 167 p.).

l'image du refus de l'asservissement à un pouvoir inique. Suivant la perspective mimétique, elle choisit la mort plutôt que d'adhérer au rôle docile et servile qu'on lui impose, refusant de se limiter au statut d'objet soumis au désir des autres. Cette pièce, dans la version de Sophocle comme dans celle de Jean Anouilh (1944), relate le destin tragique de l'une des filles d'Œdipe[4], après que ses deux frères, Étéocle et Polynice (souvent donnés pour jumeaux, d'où le problème de succession) se sont entretués. Tous deux prétendant à la couronne de leur père, ils ont convenu d'alterner sur le trône, à raison d'un an chacun. Quand, après un an, Polynice réclame le sceptre, Étéocle refuse d'honorer le pacte. Le frère lésé reviendra avec six chefs (lesdits *Sept contre Thèbes*[5]) et une

4. Dans *Antigone* (vers 442 av. J.-C.), Sophocle dote le personnage éponyme d'une sœur, Ismène, qui n'apparaissait pas forcément dans les versions antérieures à la sienne. Celle-ci sert admirablement le dramaturge : en faisant figure de femme soumise à l'ordre, elle permet à la protagoniste d'afficher avec plus d'éclat son caractère rebelle et vindicatif. L'art y gagne, et combien ! cependant qu'il nous éloigne de la source du mythe, de la *vérité* herméneutique, si tant est que cela ait de l'importance. Notons qu'avec Ismène, sur qui il existe peu de sources mythologiques, on passe résolument sur le versant littéraire, alors qu'Œdipe, par sa densité et sa complexité, occupe tous les terrains : l'art dramatique, la psychanalyse freudienne, l'anthropologie, le principe de succession patriarcale, etc.
5. Jean Racine en a fait le sujet de sa première pièce, *La Thébaïde ou les Frères ennemis* (1664). Notons également que ce riche archétype des frères rivaux hante l'Ancien Testament (Caïn et Abel, Esaü et Jacob, Joseph vendu par ses frères, sans parler de l'héritage d'Abraham qui va au fils légitime puîné, Isaac, au détriment d'Ismaël, qu'il a eu d'une servante).

armée. Par effet spéculaire, les deux hommes nés en même temps meurent en même temps sur le champ de bataille.

Créon, toujours là lorsqu'on requiert ses services, peut à nouveau s'installer aux commandes de Thèbes. Antigone refuse d'obtempérer à l'ordre du nouveau maître, qui impose qu'on laisse sans sépulture Polynice (« [d]éfense à qui que ce soit de lui faire l'honneur d'une tombe et de le pleurer[6] »), alors qu'il propose des funérailles en bonne et due forme à Étéocle : « tombé en combattant pour notre état[7]». Créon prétend faire respecter les lois de la Cité alors qu'Antigone entend honorer ceux de son sang. Ce refus la mène à sa condamnation à l'enfermement, mais elle précipite elle-même son sort en se pendant. Sa mort trouvera deux échos : la femme de Créon et leur fils Hémon, fiancé d'Antigone, se suicident à leur tour.

Cette pièce révèle à un très haut degré ce qu'on appelle le sentiment du tragique, défini « comme l'affrontement, dans une conscience, de la fatalité et d'une liberté ironique qui laisse au héros, plus grand que ce qui le tue, un répit fort bref pour choisir entre deux façons de périr, soit moralement en renonçant à son idéal, soit physiquement s'il reste fidèle à ses principes[8]. » En somme, il n'y a pas d'issue, sinon celle de choisir sa mort. Par contre, l'originalité de cette héroïne repose sur

6. Sophocle, *Antigone. Les tragiques grecs,* traduction de Victor-Henri Debidour, Paris, de Fallois, 1999, p. 422.
7. *Ibid.*
8. Michel Desportes, « Étude d'*Antigone* », dans Sophocle, *Antigone*, Paris, Bordas, 1984, p. 120.

le fait que l'affrontement existe avant son entrée en scène. Sa grandeur dramatique force tous ses proches à choisir un camp.

Plus avisée qu'Œdipe, à qui elle a d'ailleurs servi de guide pour le mener de Thèbes à Colone, elle sait reconnaître un conflit mimétique lorsqu'elle en voit un. Si Créon s'efforce avec toute son énergie de politicien retors d'établir la différence entre deux frères en pleine crise sacrificielle[9], elle s'ingénie à amorcer une bombe qui lui saute bien vite au visage, mais dont les retombées atteignent tout son entourage. Pourquoi ? Fidèle à l'héritage de son père, Antigone désavoue le médiateur interne qui se place entre elle et l'exercice de sa conscience. Elle affirme respecter la volonté des dieux, médiateurs suprêmes, qui imposent qu'on honore les morts en leur offrant une digne sépulture. On le sait maintenant, la portée culturelle de ce geste est énorme, dans la mesure où elle s'oppose à la volonté de Créon de rejeter Polynice dans le monde de la sauvagerie alors qu'elle s'obstine à affirmer qu'il appartient, comme son frère, à la civilisation.

Quelques mots, en terminant, pour souligner que si la version de Jean Anouilh réifie la puissance

9. Ils sont tous deux coupables à l'égard de la patrie, en la sacrifiant à leur désir de monter et de rester sur le trône. D'ailleurs, comment distinguer les cadavres des deux jumeaux sur un champ de bataille sanglant ? Qui est Étéocle ? Qui est Polynice ? Pour une fois Œdipe semble faire preuve de lucidité : dans un épisode d'*Œdipe à Colone*, antérieur à la guerre civile, il maudit également ses deux fils.

de ce mythe moderne[10] avant l'heure, elle le déconstruit aussi. En fait, l'Antigone de cet auteur français appartient au monde de la Résistance. Sa révolte ne lui sert pas à défendre la primauté des dieux, mais surtout à refuser l'exercice d'un pouvoir corrompu. L'extrême actualité de cette héroïne signifie peut-être bien qu'elle reprend vie quotidiennement dans les nombreuses valences du mouvement Indignados[11]. Le mythe littéraire sert ainsi à parler d'aujourd'hui, de vous. De nous.

---

10. L'époque s'avère d'ailleurs féconde en réifications du mythe d'Antigone : on compte, sous ce titre, des pièces de Jean Cocteau (1922) et de Bertolt Brecht (1948) et un opéra de Camille Saint-Saëns (1921). Plus récemment (1997), Henry Bauchau a publié un roman homonyme.
11. Née du pamphlet *Indignez-vous !* de Stéphane Hessel (Indigène éditions, 2010), la manifestation espagnole du 15 mai 2011 a fait tache : quatre mois plus tard naissait Occupy Wall Street, avec un point culminant, à caractère international, le 15 octobre 2011. De même, on est passé de *printemps arabe* à *printemps érable*. La roue tourne. Autre raison de relire l'*Antigone* de Sophocle pour en éprouver la grandeur tragique : la société occidentale est actuellement le lieu constant d'affrontements entre les tenants de la loi, du modernisme, de la laïcité, d'une part, et ceux qui se réclament d'une puissance supérieure pour maintenir des usages qui semblent préjudiciables aux premiers (port du voile, récitation de la prière en ouverture de séances du conseil municipal, etc.).

BIBLIOGRAPHIE

Œuvres fondatrices, réécritures, continuations

ANOUILH, Jean, *Antigone,* Paris, La Table Ronde, 1978, 124 p.

APOLLODORE, *La bibliothèque. Un manuel antique de mythologie,* traduit sous la direction de Paul Schubert, Genève, de l'Aire, 2003, 297 p.

ATWOOD, Margaret, *L'Odyssée de Pénélope,* Montréal, Boréal, 2005, 153 p.

BARICCO, Alessandro, *Homère. Iliade,* Paris, Gallimard, 2007, 178 p.

CHAMPAGNE, Dominic et Alexis MARTIN, *L'Odyssée d'après Homère,* Montréal, Dramaturges éditeurs, 2000, 166 p.

COCTEAU, Jean, *La machine infernale,* Paris, Livre de poche, 1992, 135 p.

EURIPIDE, *Le Cyclope. Les tragiques grecs,* traduction de Victor-Henri Debidour, Paris, de Fallois, 1999, p. 1751-1782.

—, *Hélène. Les tragiques grecs,* traduction de Victor-Henri Debidour, Paris, de Fallois, 1999, p. 1391-1458.

—, *Iphigénie à Aulis. Les tragiques grecs,* traduction de Victor-Henri Debidour, Paris, de Fallois, 1999, p. 1647-1710.

—, *Iphigénie en Tauride. Les tragiques grecs,* traduction de Victor-Henri Debidour, Paris, de Fallois, 1999, p. 1271-1326.

FÉNELON, *Les aventures de Télémaque,* Paris, Classiques Garnier, 2009, 508 p.

GIONO, Jean, *Naissance de l'Odyssée,* Paris, Bernard Grasset, 2002.

HOMÈRE, *L'Iliade. L'Odyssée,* édition établie et traduite par Louis Bardollet, Paris, Robert Laffont, coll. Bouquins, 1995, 788 p.

—, *L'Odyssée,* traduction, notes et postface de Philippe Jaccottet, suivi de *Des lieux et des hommes* de François Hartog, Paris, La Découverte poche, n° 87, 2000, 435 p.

—, *L'Odyssée,* traduction, introduction, notes et index par Médéric Dufour et Jeanne Raison, Paris, Garnier, coll. GF, n° 64, 1965, 380 p.

—, *L'Odyssée,* traduit du grec par Frédéric Mugler, Arles, Actes Sud, coll. Babel, n° 172, 1995, 284 p.

—, *L'Odyssée,* traduction par Leconte de Lisle, s.l., Maxi-Livres, Maxi-poche Épopées, 2001, 383 p.

—, *L'Odyssée,* traduction de Victor Bérard, Paris, Gallimard, Folio classique n° 3235, 1999, 512 p.

HUSTON, Nancy, *Jocaste reine,* Actes sud/Leméac, 2009, 87 p.

MARTIN, Alexis, *L'Iliade d'Homère,* Montréal, Dramaturges éditeurs, 2007, 139 p.

SÉNÈQUE, *Agamemnon. Théâtre complet,* traduction de Florence Dupont, Actes sud, coll. Thesaurus, 2012, p. 311-401.

—, *Œdipe. Théâtre complet,* traduction de Florence Dupont, Actes sud, coll. Thesaurus, 2012, p. 755-854.

SOPHOCLE, *Ajax. Les tragiques grecs,* traduction de Victor-Henri Debidour, Paris, de Fallois, 1999, p. 361-406.

—, *Antigone. Les tragiques grecs,* traduction de Victor-Henri Debidour, Paris, de Fallois, 1999, p. 417-451.

—, *Œdipe Roi. Tragédies,* traduction de Paul Mazon, Paris, Gallimard, 1992, p. 181-236.

—, *Philoctète. Les tragiques grecs,* traduction de Victor-Henri Debidour, Paris, de Fallois, 1999, p. 619-674.

Ouvrages théoriques et critiques

AHL, Frederick, *Two Faces of Œdipus. Sophocles'* Œdipus Tyrannus *and Seneca's* Œdipus, Ithaca et Londres, Cornell University Press, 2008, 266 p.

ANSPACH, Mark, *Œdipe mimétique,* Paris, de l'Herne, 2010, 121 p.

BAKHTINE, Mikhaïl (V. N. Volochinov), *Écrits sur le freudisme,* traduction de Guy Verret, Lausanne, L'Âge d'Homme, 1980, 229 p.

BARDOLLET, Louis, *Les mythes, les dieux et l'homme. Essai sur la poésie homérique,* Paris, Les Belles Lettres, 1997, 197 p.

BARTHES, Roland, *Mythologies,* Paris, Seuil, coll. Points n° 10, 1982 [1957], p. 191-247.

—, *Le plaisir du texte,* Paris, Seuil, coll. Points, 1973, 105 p.

BOYER, Régis, « Existe-t-il un mythe qui ne soit pas littéraire ? », dans *Mythes et Littérature,* Actes du second congrès international organisé par le Centre de recherches en littérature comparée de Paris IV en 1994, Presses de l'Université de Paris-Sorbonne, 1994, p. 153-164.

BRUNEL, Pierre, *Le dictionnaire des mythes littéraires,* Rocher, 1988, 1504 p.

—, Pierre, *Mythocritique. Théorie et parcours,* Paris, PUF, coll. Écriture, 1992, 294 p.

BUDICK, Sanford, "The prospect of Tradition : Elements of futurity in a *topos* of Homer and Virgil", *New Literary History,* 22, 1991, p. 215-217.

CABAU, Jacques, *La prairie perdue. Le roman américain,* Paris, Seuil, coll. Points, 1981, 316 p.

CAILLOIS, Roger, *L'homme et le sacré,* Paris, Gallimard, coll. Folio, Essais, n° 84, 1988, 250 p.

—, *Le mythe et l'homme,* Paris, Gallimard, coll. Idées, n° 262, 1938, 183 p.

CAMPBELL, Joseph, *Le héros aux mille et un visages,* Paris, Laffont, 1977, 369 p.

CARLIER, Christophe et Nathalie Griton-Rotterdam, *Des mythes aux mythologies,* Paris, Éditions Ellipses, coll. Thèmes et études, 1994, 153 p.

CITATI, Pietro, *La lumière de la nuit. Les grands mythes dans l'histoire du monde,* Paris, Gallimard, coll. L'arpenteur, 1999, 472 p.

—, *La pensée chatoyante. Ulysse et l'Odyssée,* Paris, Gallimard, coll. L'arpenteur, 2004, 394 p.

DELECROIX, Vincent, *Tombeau d'Achille,* Paris, Gallimard, coll. L'un et L'autre, 2008, 162 p.

DESLAURIERS, Camille. « Vers une lecture mythocritique des textes littéraires », *Québec français,* n° 164, hiver 2012, p. 42-46.

DURAND, Gilbert, *Figures mythiques et visages de l'œuvre. De la mythocritique à la mythanalyse,* Paris, Berg, coll. L'île verte, 1979, 362 p.

—, *Introduction à la mythodologie. Mythes et sociétés,* Paris, Albin Michel, 1996, 243 p.

ELIADE, Mircea, *Le mythe de l'éternel retour. Archétypes et répétition,* Paris, Gallimard, 1966, 182 p.

—, *Mythes, rêves et mystères,* Paris, Gallimard, coll. Idées, n° 271, 1957, 279 p.

FUSILLO, Massimo, *Naissance du roman,* Paris, Seuil, 1991, 274 p.

FRYE, Northrop, *Le grand code : la Bible et la littérature,* Paris, Seuil, 1984, 338 p.

GIRARD, René, *Mensonge romantique et vérité romanesque,* Paris, Grasset, 1997 [1961], 312 p.

—, *La violence et le sacré,* Paris, Hachette, 1998, 486 p.

HERSKOVITS, Melville Jean, *Les bases de l'anthropologie culturelle,* Paris, Payot, BPB, n° 106, 1966, 331 p.

KNOX, Bernard et Simone Weil, *L'Iliade. Poème du XXIe siècle,* Paris, Arléa, 2006, 164 p.

KRISTEVA, Julia, *Sèmeiôtikè. Recherches pour une sémanalyse,* Paris, Seuil, coll. Points, Essais, n° 96, 1978, 379 p.

LAPLANTINE, François, *Clefs pour l'anthropologie,* Paris, Seghers, 1987, 224 p.

LEBIEZ, Marc, *Décadence : Homère. Décadence et modernité,* Paris, L'Harmattan, 2003, 311 p.

LÉVI-STRAUSS, Claude, *Anthropologie structurale,* Paris, Plon, 1958, 452 p.

LÉVY-BRUHL, Lucien, *L'âme primitive,* Paris, PUF, coll. Quadrige n° 207, 1963, 451 p.

MALINOWSKI, Bronislaw, *Une théorie scientifique de la culture,* Paris, Seuil, coll. Points n° 92, 1968, 183 p.

MOTTET, Philippe, *La mètis de Giono : présence de la mètis grecque (ou intelligence pratique) dans l'art romanesque de Jean Giono,* Aix-en-Provence, Publications de l'Université de Provence, 2004, 226 p.

RABAU, Sophie (choix des textes et présentation), *L'intertextualité,* Paris, Flammarion, 2002, 254 p.

ROUX-LANIER, Catherine, *et al., La culture générale de A à Z,* Paris, Hatier, 1998, 415 p.

RUYER, Raymond, *Homère au féminin,* Paris, Copernic, 1977, 166 p.

SAÏD, Suzanne, *Homère et l'Odyssée,* Paris, Belin, coll. Sujets, 1998, 335 p.

SAUGE, André, *Sophocle lecteur de Freud,* Berne, Peter Lang, 2009, 249 p.

SELLIER, Philippe, « Qu'est-ce qu'un mythe littéraire ? », *Littérature,* n° 55, 1984, p. 112-126.

SIGANOS, André, *Le Minotaure et son mythe,* Paris, PUF, coll. Écriture, 1993, 158 p.

SIROIS, Antoine, *Lecture mythocritique du roman québécois,* Montréal, Triptyque, 1999, 132 p.

SIROIS, Antoine, *Mythes et symboles dans la littérature québécoise,* Montréal, Triptyque, 1992, 154 p.

VERNANT, Jean-Pierre, *L'univers, les dieux, les hommes. Récits grecs des origines,* Paris, Seuil, 1999, 244 p.

Dictionnaires de mythologie grecque

BONNEFOY, Yves (sous la direction de), *Dictionnaire des mythologies,* Paris, Flammarion, coll. Mille et une pages, 1999, 2233 p.

CUSSET, Christophe, *La mythologie grecque,* Paris, Seuil, Mémo Lettres, n° 116, 1999, 64 p.

DESAUTELS, Jacques, *Dieux et mythes de la Grèce ancienne,* Québec, PUL, 1988, 648 p.

ÉVRARD, Franck, *Mythes et mythologies de la Grèce,* Toulouse, Milan, Les Essentiels, n° 151, 1999, 64 p.

FRONTISI-DUCROUX, Françoise, *L'ABCdaire de la mythologie,* Paris, Flammarion, L'ABCdaire n° 81, 1999, 120 p.

GRAVES, Robert, *Les mythes grecs,* Paris, Fayard, Livre de poche, coll. La Pochothèque, 1967, 1186 p.

GRIGORIEFF, Vladimir, *Religions du monde entier,* Alleur, Marabout, 1989, 444 p.

GRIMAL, Pierre, *Dictionnaire de la mythologie grecque et romaine,* PUF, 2002, 576 p.

HAMILTON, Edith, *La mythologie, ses dieux, ses héros, ses légendes,* Verviers, Marabout, 1962, 414 p.

LACARRIÈRE, Jacques, *Dictionnaire amoureux de la mythologie,* Paris, Plon, 2006, 555 p.

MÜLLER, Max, *Mythologie comparée,* Paris, Robert Laffont, coll. Bouquins, 2002, 880 p.

SCHMIDT, Joël, *Dictionnaire de la mythologie grecque et romaine,* Paris, Larousse, 1965, 320 p.

Aussi dans la collection « Connaître » :

1. *Les classiques québécois* de Georges Desmeules et Christiane Lahaie
2. *Littérature et peinture* de Roland Bourneuf
3. *Les personnages du théâtre québécois* de Georges Desmeules et Christiane Lahaie
4. *La littérature québécoise 1960-2000* de Hans-Jürgen Greif et François Ouellet
5. *La rhétorique, mode d'emploi* de Nicole Fortin
6. *La poésie vocale et la chanson québécoise* de Jean-Nicolas De Surmont

ACHEVÉ D'IMPRIMER
EN SEPTEMBRE 2013
SUR LES PRESSES DE MARQUIS IMPRIMEUR INC.
SUR PAPIER SILVA ENVIRO
100 % POSTCONSOMMATION

PERMANENT

BIO GAZ
ÉNERGIE

RECYCLÉ
Papier fait à partir
de matériaux recyclés
FSC® C103567
FSC
www.fsc.org